Informelles Lernen Studierender mit Social Software unterstützen

AF281076

Waxmann Verlag GmbH
Steinfurter Straße 555, 48159 Münster
info@waxmann.com

Nina Kahnwald, Steffen Albrecht, Sabrina Herbst, Thomas Köhler

Informelles Lernen Studierender mit Social Software unterstützen

Strategische Empfehlungen für Hochschulen

Unter Mitarbeit von
Michael Gerth, Diana Hofmann, Jürgen Kawalek,
Christian Pentzold, Jens Schwendel, Annegret Stark,
Anja Weller und Tobias Welz

Mit einem Beitrag von
Anja Weller und Christian Pentzold

Waxmann 2016
Münster • New York

Bibliografische Informationen der Deutschen Nationalbibliothek
Die Deutsche Nationalbibliothek verzeichnet diese Publikation in
der Deutschen Nationalbibliografie; detaillierte bibliografische
Daten sind im Internet über http://dnb.dnb.de abrufbar.

Medien in der Wissenschaft, Band 69

ISSN 1434-3436
ISBN 978-3-8309-3340-3

© Waxmann Verlag GmbH, 2016
www.waxmann.com
info@waxmann.com

Umschlaggestaltung: Pleßmann Design, Ascheberg
Umschlagfoto: © Medienzentrum TU Dresden /Anne Schimmeck
Satz: Stoddart Satz- und Layoutservice, Münster

Gedruckt auf alterungsbeständigem Papier,
säurefrei gemäß ISO 9706

Inhalt

1. Informelles Lernen im Fokus – Ausgangspunkt und Zielsetzungen

Impuls für diesen Band war die Beobachtung, dass E-Learning-Aktivitäten von Hochschulen häufig eine einseitige Ausrichtung haben. So wird meist auf die technologische Unterstützung von Lehrveranstaltungen durch Lernmanagementsysteme fokussiert, findet vor allem der Einsatz von Vorlesungsaufzeichnungen und Autorentools für die Erstellung von E-Learning-Inhalten Beachtung (Lattemann & Köhler 2005, 2006). Obschon Lernen immer auch in sozialen Gemeinschaften stattfindet ist erst in jüngerer Zeit eine stärkere Hinwendung des wissenschaftlichen Diskurses über den Medieneinsatz zu dieser sozialen Dimension zu beobachten (Köhler & Neumann 2011). Diese Aktivitäten sind zweifelsohne notwendig und wichtig und zielen in der Regel auf eine Unterstützung von Hochschullehre und Hochschullehrenden. Jedoch geraten die Studierenden dabei als Zielgruppe eher mittelbar in den Blick, Ansätze zur direkten Unterstützung studentischen Lernens sind selten anzutreffen. Ziel der Autoren war es, das Lern-Erleben und die unterschiedlichen Phasen des Studiums aus der Perspektive der Studierenden zu betrachten und mögliche Unterstützungsangebote für diese Phasen seitens der Hochschulen zu identifizieren. Von technologischer Seite kam hierfür insbesondere Social Software infrage, also webbasierte Anwendungen, die dadurch gekennzeichnet sind, dass sie die Interaktion und den Austausch der Nutzer untereinander besonders stark fördern und nicht allein Dienste für individuelle Nutzer bereitstellen.

Die vorliegende Publikation bündelt die Ergebnisse des Projekts „Learner Communities of Practice" (LCP)[1], das zwischen 2009 und 2012 als Verbundprojekt sächsischer Hochschulen unter Leitung des Medienzentrums der TU Dresden bearbeitet wurde. Das Projekt hatte zum Thema und Ziel, die Potenziale von Social Software zur Unterstützung des informellen Lernens Studierender zu ermitteln sowie konkrete Umsetzungsszenarien für Hochschulen zu entwickeln.

In dem zu diesem Zweck zusammengestellten interdisziplinären Projektteam waren mediendidaktische, psychologische, kommunikationswissenschaftliche, technologische und organisationswissenschaftliche Perspektiven von fünf verschiedenen Hochschulen vertreten. So konnte das Thema über Studienorte und -fächer, aber auch über verschiedene Disziplinen hinweg ergebnisoffen diskutiert werden. Durch diese breite Betrachtungsweise sowie die Einbeziehung nationaler und internationaler Fallstudien zu Aktivitäten anderer Hochschulen erhalten die aus diesem Prozess hervorgegangenen Ergebnisse Relevanz über die betei-

---

1   Weitere Informationen zum Projekt sind im Projektweblog nachzulesen: http://blog.tu-dresden.de/learnercommunities.

ligten Hochschulen hinweg und können E-Learning-Akteuren zur Anregung und Weiterentwicklung dienen.

Die vorliegende Publikation fasst die Ergebnisse empirischer Untersuchungen zusammen, stellt nationale und internationale Beispiele guter Praxis vor und schließt mit detaillierten Empfehlungen, wie Hochschulen Angebote zur Unterstützung studentischen Lernens mithilfe von Social Software umsetzen können. Die Autoren hoffen, dass die Lektüre den in Bildungseinrichtungen des tertiären Sektors (aber auch in anderen Sektoren) Tätigen konkrete Anregungen liefert, um Unterstützungsangebote, Strukturen wie Prozesse, für das informelle Lernen von Studierenden mit Social Software stärker in den Blick zu nehmen und geeignete Angebote zu entwickeln.

1.1 Learner Communities of Practice: Projektablauf

Der Forschungsverbund des Projekts „Learner Communities of Practice" (LCP) bestand aus fünf Hochschulen sowie der BPS GmbH, dem gemeinsamen E-Learning-Dienstleister sächsischer Hochschulen, und bearbeitete über einen Zeitraum von drei Jahren das Projekt arbeitsteilig, aber in enger Zusammenarbeit.

Im Projekt wurden die folgenden vier Arbeitsschritte durchgeführt:
1. Abgleich unterschiedlicher theoretischer Zugänge zu Social Software und informellem Lernen
2. Empirische Bestandsaufnahme zur Nutzung von Social Software an Hochschulen im Bereich informellen Lernens
3. Entwicklung von Szenarien und Prototypen zur Unterstützung informellen Lernens durch die Hochschulen
4. Konzeption von Schulungen

Die ersten beiden Arbeitsschritte erfolgten nacheinander und legten die Basis für die letzten beiden Arbeitsschritte, die zeitlich parallel durchgeführt wurden. Sowohl der zunächst durchgeführte, stark diskursiv ausgelegte Arbeitsschritt des Abgleichs der unterschiedlichen Zugänge zu Social Software und informellem Lernen unter den Projektpartnern als auch die regelmäßig durchgeführten Treffen der Verbundpartner und der intensive Kontakt zu E-Learning-Forschenden in der weiteren wissenschaftlichen Community sorgten für einen konstruktiven interdisziplinären Austausch zwischen den Beteiligten. Während die empirischen Erhebungen schwerpunktmäßig von den beteiligten Sozialwissenschaftlern konzipiert wurden, floss in die Szenarien vor allem das Know-how der E-Learning-Praktiker ein, während das Schulungskonzept federführend von Mitarbeitenden mit didaktischer Expertise entwickelt wurde. Die übergreifende Ausrichtung auf strategische Empfehlungen für die Hochschulen sorgte dabei für die gemeinsame Basis der Zusammenarbeit.

1.2 Forschungsbedarf: Social Software in der Hochschulbildung

Die Etablierung von E-Learning-Maßnahmen und -Einrichtungen an Hochschulen in Deutschland kann mit Blick auf die inzwischen über zehnjährige Geschichte als Erfolg angesehen werden. Allerdings fällt bei kritischem Blick auf die Entwicklung auf, dass die Maßnahmen häufig vor allem auf die Unterstützung der Lehre zielen, d.h. die Zielgruppe der Maßnahmen sind in erster Linie die Lehrenden, während Studierende hierbei nur mittelbar in den Blick geraten. Obgleich der Rahmen des Hochschulstudiums ein institutioneller ist, stellt das Studium einen Lernprozess dar, der sich nicht allein auf den Einfluss von Lehre zurückführen lässt. Die Perspektive der Studierenden kommt in der E-Learning-Literatur jedoch meist zu kurz, ihre Erfahrungen des Studierens und ihre Bewältigung der damit verbundenen Anforderungen bleiben häufig unberücksichtigt. Entsprechend werden Prozesse des informellen Lernens der Studierenden selten eingehender untersucht und beschrieben.

Die seit dem Jahr 2005 zunehmend geführte Diskussion um die Nutzung von Social Software im Allgemeinen, aber auch zu Lehr- und Lernzwecken macht diese einseitige Ausrichtung von E-Learning-Aktivitäten auf das formale Lernen besonders deutlich und weist damit auf einen Forschungsbedarf hin. Auf der einen Seite zeigen Studien, dass Social-Software-Angebote wie Social Networking Sites von einer Vielzahl gerade junger Menschen genutzt werden (Busemann/Gscheidle 2011) – und dies nicht etwa nur zu privaten Zwecken, sondern durchaus auch im Rahmen ihres Studiums, wie eine repräsentative Umfrage der Hochschul-Informations-System GmbH ergab (Kleimann et al. 2008, S. 26). Demnach nutzten bereits 2008 fast die Hälfte der deutschen Studierenden Social Communities wie StudiVZ oder Facebook zum Austausch über Angelegenheiten in ihrem Studium. 2013 waren 95 Prozent der 14- bis 29-Jährigen bei Facebook angemeldet, während die VZ-Netzwerke nahezu unbedeutend geworden sind: Unter den Twens sind nur noch 4% bei StudiVZ – 2012 waren es noch 25% (Busemann 2013). Auf der anderen Seite stoßen viele Einsatzszenarien von Social Software bei Studierenden auf Kompetenz- bzw. Akzeptanzprobleme (Schulmeister 2008, Jones et al. 2010) und auch die Hochschulen und ihr Personal sind zögerlich bei der Aufnahme entsprechender Angebote in ihr E-Learning-Angebot. Eine Studie der Hochschulrektorenkonferenz (HRK) zu diesem Thema ergab, dass „von einem flächendeckenden Transfer in die Hochschule (...) bisher keine Rede" sein könne (HRK 2010, S. 35, vgl. auch Conole 2008).

Die HRK empfahl, dass die Hochschulen die mit dem Web 2.0 verbundenen Entwicklungen „nicht nur wahrnehmen, sondern selbst aktiv werden" sollten (HRK 2010, S. 7), und leitet daraus die Frage ab, welche Strategien Hochschulen für die Nutzung von Social Software entwickeln und anwenden können. Ihre Empfehlungen bleiben allerdings auf Lehre, Forschung und Verwaltungs- und Serviceaufgaben der Hochschulen beschränkt, wohingegen der Bereich des informellen Lernens der Studierenden unberücksichtigt bleibt. Diese Lücke wird durch den vorliegenden Bericht geschlossen, in dem die institutionelle Perspektive mit einem Fokus auf informelles Lernen kombiniert wird, um verbesserte Empfehlungen für den Einsatz von Social Software an Hochschulen zu formulieren.

Das Potenzial von Social Software gerade im Bereich des informellen Lernens ist dabei in der Literatur kaum strittig. Bereits zwei kurz nach der Etablierung des Begriffs „Web 2.0" (O'Reilly 2005) erschienene Beiträge von E-Learning-Forschenden im angelsächsischen (Downes 2005) sowie deutschsprachigen Raum (Kerres 2006) bezogen die technische Innovation auf den Bildungsbereich und verwiesen auf die grundlegenden Veränderungen, die damit im Bereich der Lernkultur zumindest potenziell verbunden sein könnten. In der Folge wurden entsprechende Ansätze kontinuierlich weiterentwickelt (etwa in der Workshop-Reihe „E-Learning 2.0", vgl. Rensing/Rößling 2007, Lucke et al. 2008, Schwill/ Apostolopoulos 2009, Schroeder 2010), durch empirische Forschungen unterfüttert (z.B. Selwyn/Grant 2009) und zunehmend auch aus strategischer Perspektive betrachtet (HRK 2010).

Die größten Potenziale von Social Software liegen nach einhelliger Expertenmeinung im Bereich des informellen Lernens (Weigel et al. 2009, S. 9). Bereits jetzt organisieren viele Lernende ihr Wissen nach Meinung der Stiftung Warentest eigenständig mithilfe von Social Software, und zwar „auf informellen Wegen, ganz ohne Bildungsinstitut" (Stiftung Warentest 2011, S. 2). Insbesondere die Möglichkeiten der Individualisierung und der Unterstützung des Kompetenzerwerbs sind dabei charakteristisch für das Lernen mit Social Software: „Individualisierte Kompetenzentwicklung außerhalb formaler Lernsettings kann durch Werkzeuge wie Wikis, Blogs, E-Portfolios und ‚Social Software' wesentlich unterstützt werden" (Baumgartner 2009, S. 511). John Erpenbeck und Werner Sauter halten als „Grundthese" ihres Ansatzes zur Kompetenzentwicklung fest, dass es die Instrumente der Social Software sind, die ein großes Potenzial für die Vermittlung von Werten und Kompetenzen besitzen, während sich traditionelle Instrumente des E-Learning dafür nur schlecht eignen (Erpenbeck/Sauter 2007, S. 145). Tatsächlich zeigen Studien, dass die Nutzung von Social Software durch Studierende zwar oft privat motiviert ist, der stattfindende informelle Austausch aber auch die wissenschaftliche Zusammenarbeit unterstützt (Kumar/Liu/Black 2012).

Der für den National Research Council Canada forschende Stephen Downes veranstaltete 2008 gemeinsam mit George Siemens, dem Vater des „Konnektivismus" (Siemens 2005), den Online-Kurs „Connectivism and connective knowledge", der unter dem Akronym CCK08 als erster „Massive Open Online Course" (MOOC) Geschichte schrieb. Verdienst des Konnektivismus und Grund für die Attraktivität des Ansatzes ist es, „den informellen Lernprozessen, die mithilfe von Social Media und Open Educational Resources im Netz stattfinden, einen Rahmen [zu geben]" (Robes 2012, S. 7). In der Folge waren es vor allem die sogenannten konnektivistischen MOOCs (cMOOCs), die offene, vernetzte Lernszenarien mittels im Netz verteilter Ressourcen unter Einbezug frei wählbarer Social-Media-Kanäle erprobten und weiterentwickelten (Bremer/Weiß 2013).

Diese Entwicklungen sind aber bislang nur in episodischer, häufig experimenteller Form an die E-Learning-Aktivitäten der Hochschulen zurückgekoppelt. Damit können sie nur in eingeschränktem Maß die Ressourcen und den Erfahrungsschatz der E-Learning-Akteure aufgreifen, den diese im Laufe der inzwischen mehr als zehnjährigen Institutionalisierung geschaffen haben. Vor diesem Hintergrund versucht die hier vorgestellte strategische Analyse, die Perspektive des informellen Lernens Studierender zusammenzubringen mit den institutionellen Möglichkeiten der Hochschulen, um die Potenziale von Social Software besser nutzen zu können. Der Fokus dieser Publikation liegt daher auf der Frage:

Was können Hochschulen tun, um das informelle Lernen ihrer Studierenden mithilfe von Social Software zu unterstützen?

1.3 Gliederung

Im Abschnitt **„Social Software in der Hochschulbildung"** werden als Ausgangspunkt der Untersuchung zunächst die technische Entwicklung hin zum Web 2.0 sowie die wichtigsten Social-Software-Anwendungen (z.B. Blogs, Wikis, RSS-Feeds, Twitter sowie die Bündelung in PLEs) beschrieben. Gegenübergestellt werden diesen aktuelle Entwicklungen der Hochschulbildung, etwa die zunehmende Orientierung auf Kompetenzentwicklung und lebenslanges Lernen im Zuge der Bologna-Reformen sowie Veränderungen der Erwartungshaltungen an ein Hochschulstudium seitens der Studierenden und der Wirtschaft. Diese Faktoren stecken den Rahmen ab, innerhalb dessen sich die Konzeption von Einsatzszenarien für Social Software zur Unterstützung informellen studentischen Lernens bewegt.

Daran anschließend wird die Nutzung von Social Software aus der **Perspektive der Studierenden** betrachtet. Neben Forschungsergebnissen zur Nutzung von Social Software durch Studierende (3.2) werden u.a. die theoretische Rahmung informellen Lernens in Praxisgemeinschaften im Studienverlauf eingeführt (3.3) sowie die Ergebnisse der im Projekt „Learner Communities of Practice" mit Studierenden durchgeführten Fokusgruppen dargestellt (3.4).

In einem ersten Schritt der Situationsanalyse werden die bereits bestehenden Nutzungen von Social Software durch Studierendengruppen an ausgewählten sächsischen Hochschulen beispielhaft analysiert. Es zeigt sich, dass Studierende Social Software gerne und häufig im Studienkontext nutzen und dass entsprechend viele Angebote studentischer Initiativen existieren. Informelles Lernen im Studium wird als Bewältigung von Anforderungen und Aufgaben aus Sicht der Studierenden verstanden und entsprechend in den Fokus gerückt. In Vorbereitung der Analyse der studentischen Anforderungen wird das dieser Publikation zugrunde liegende Verständnis informellen Lernens erläutert. Zur Darstellung studentischer Lernanforderungen und -prozesse im Studienverlauf wird das Modell des „Student Life Cycle" als Ausgangspunkt genommen und im nächsten Schritt durch Fokusgruppeninterviews empirisch unterfüttert.

Ausgehend von der Annahme, dass die Studierenden als Praxisgemeinschaft (im Sinne einer Community of Practice) ein gemeinsames Ziel (den Abschluss ihres Studiums) verfolgen, wurden Studierende mehrerer Hochschulen in Fokusgruppeninterviews dazu befragt, mit welchen Herausforderungen sie sich in einzelnen Studienphasen konfrontiert sehen. Mit den Ergebnissen dieser Befragung wird das Modell des „Student Life Cycle" aus praxistheoretischer Perspektive zum Phasenmodell für informelles Lernen im Studium erweitert.

Ergänzt wird die Perspektive der Studierenden durch Recherchen zu hochschulseitigen Initiativen im Abschnitt „**Beispiele guter Praxis**", in dem deutsche (4.1) und internationale (4.2) Good-Practice-Beispiele in unterschiedlichen Kategorien dargestellt werden.

Im Rahmen einer Onlinerecherche wurden sechs deutsche und acht internationale Fallbeispiele erhoben und analysiert. Für die nationalen Beispiele wurden zusätzlich vertiefende telefonische Interviews mit den Verantwortlichen durchgeführt, die auch die Grundlage für die Ergebnisdarstellung bilden. Kriterien für die Auswahl der Fallbeispiele waren, dass:

1. Social Software im Bereich informellen Lernens eingesetzt wird (zu Beispielen guter Praxis in den Bereichen Lehre, Forschung und Administration s. HRK 2010),
2. entsprechende Angebote von einer Hochschule betrieben bzw. unterstützt werden,
3. ein Erfolg des Angebots aus Sicht der Betreibenden erzielt werden konnte.

Die identifizierten deutschen und internationalen Fallbeispiele lassen sich einer der folgenden Angebotskategorien zuordnen:

- Einrichtung universitärer Blogsysteme,
- Entwicklung universitärer Social Networks,
- Angebot von E-Portfolios für Studierende,
- Einrichtung eines personalisierten Studierendenportals oder
- Angebot Persönlicher Lernumgebungen (PLEs).

Jedes Beispiel wird ausführlich beschrieben und analysiert, inklusive einer Begründung der Auswahl als Beispiel guter Praxis, der Rahmenbedingungen von Entwicklung und Umsetzung sowie der bisherigen Nutzungserfahrungen.

Auf Basis der in den Kapiteln zwei bis vier vorgestellten, empirisch fundierten Ergebnisse werden zur **Umsetzung der Erkenntnisse** strategische Empfehlungen für die erfolgreiche Unterstützung informellen Lernens Studierender durch Hochschulen abgeleitet. Die vorgeschlagenen Interventionen lassen sich den Handlungsfeldern Technologie, Qualifikation und Organisationsentwicklung zuordnen. Zu jedem der beschriebenen Szenarien werden konkrete Hinweise zu Konzeption und Umsetzung geeigneter Maßnahmen gegeben.

1. **Intervention: Technologie**
   Auf technologischer Ebene werden folgende Empfehlungen für die Unterstützung Studierender mittels Social Software gegeben:
   - die Vorkonfiguration Persönlicher Lernumgebungen,
   - die Einrichtung eines personalisierten Studierendenportals sowie
   - die Einrichtung umfassender Repositorien auf Basis von Web 2.0 bzw. mit der Nutzung von Social-Software-Werkzeugen zur Sammlung von Ressourcen

2. **Intervention: Qualifikation**
   Eine zentrale Rolle für die Nutzung von Social Software im Studium spielt die Medienkompetenz der Studierenden, die durch Social-Software-Schulungen entsprechend qualifiziert werden sollten.

3. **Intervention: Organisationsentwicklung**
   Quer zu den bisher genannten Interventionen liegen Prozesse der Organisationsentwicklung. Alle Interventionsszenarien werden detailliert beschrieben, enthalten Angaben zu möglichen Distributionsszenarien sowie einer Aufwand- und Kostenschätzung. So werden Entscheider und E-Learning-Akteure an Hochschulen beim interventionsbegleitenden Change Management innerhalb der Hochschule unterstützt. Hierzu gehört etwa die Begründung interner Kooperationen, die günstige Platzierung der Schulungen und nicht zuletzt die Ausarbeitung einer individuellen Entwicklungsstrategie. Für die Social-Software-Schulungen sowie die Vorkonfiguration Persönlicher

Lernumgebungen wurden zudem bereits umfassende Konzepte bzw. Nutzungsszenarien entwickelt und erprobt (vgl. Kap. 5.1 und Anhang).

Der vorliegende Bericht, insbesondere die Handlungsempfehlungen, wurden im Kontext des sächsischen Hochschulsystems entwickelt. Sowohl die empirischen Recherchen als auch die Ausrichtung der Schlussfolgerungen erfolgten jedoch mit dem Anspruch, über den sächsischen Kontext hinaus Anregungen zur verstärkten Auseinandersetzung mit dem informellen Lernen im Rahmen der Hochschulbildung und der Rolle von Social Software dabei zu geben und die diesbezügliche Debatte zu bereichern – sowohl theoretisch durch die Zusammenführung des internationalen Stands der Forschung als auch praktisch durch konkret und detailliert ausgearbeitete Fallstudien und an den Hochschulkontext angepasste Szenarien, die die Grundlage der Empfehlungen bilden.

2. Social Software in der Hochschulbildung

Die Bedeutung von Social Software für die Unterstützung von informellen studentischen Lernprozessen ist im Spannungsfeld von zwei Entwicklungen zu sehen: der Entwicklung der Informations- und Kommunikationstechnologien auf der einen und der Veränderung des Systems der Hochschulbildung, etwa durch die zunehmende Orientierung auf Kompetenzentwicklung und lebenslanges Lernen im Zuge der Bologna-Reformen, auf der anderen Seite. Mit diesen verbunden sind als dritter Faktor Veränderungen der Erwartungen an ein Hochschulstudium, auf Seite der Studierenden etwa durch das Aufwachsen mit digitalen Medien, auf Seiten der Wirtschaft durch die Nachfrage nach medienkompetenten Absolventen. Gemeinsame Rahmenbedingung aller Entwicklungen ist der Kostendruck an Hochschulen, die in Anbetracht der prekären Lage der öffentlichen Haushalte mit bestenfalls gleichbleibender Finanzierung rechnen können (vgl. Wissenschaftsrat 2013).

2.1 Entwicklung von Social Software

Der Wandel vom Web 1.0 zum Web 2.0 ist vielfach beschrieben worden als eine Verschiebung hergebrachter Berechtigungen und etablierter Grenzen: Der Nutzer ist nicht mehr Konsument von Informationen, die ihm angeboten werden, sondern bringt selbst Inhalte ein. Daten werden nicht mehr lokal gespeichert, sondern auf Plattformen ausgelagert und dabei über viele Nutzer hinweg zusammengeführt. Schließlich entsteht zwischen einer Öffentlichkeit, die durch Massenmedien bestimmt ist, und dem Bereich der privaten Kommunikation ein neuer Bereich der persönlichen Öffentlichkeit, der einer breiteren Öffentlichkeit den Zugriff auf persönliche Daten ermöglicht (vgl. Kerres 2006, Schmidt 2009) – beginnend mit dem Lebenslauf in Xing bis hin zu privaten Urlaubsfotos auf Facebook.

Der Begriff Social Software lässt sich grob definieren als „Softwaresysteme, welche die menschliche Kommunikation und Kollaboration unterstützen" (Bächle 2006). Er umfasst jedoch nicht allein die technologische Dimension des beschriebenen Wandels, sondern auch dessen sozial-kulturelle Dimension, also die Nutzungsweise der Systeme, durch die sich erst die Grenzverschiebungen einstellen. Allerdings sind Technologie und Nutzung bei Social Software eng miteinander verknüpft, z.B. ergibt sich erst aus der Niedrigschwelligkeit der Technologie die starke Verbreitung unter den Nutzern, umgekehrt wird ein Empfehlungsdienst erst durch seine massenhafte Verwendung durch die Nutzer zu einem funktionsfähigen System.

Acht Beispiele von Social-Software-Anwendungen sollen hier kurz vorgestellt werden, bevor auf ihre Bedeutung im Kontext der Hochschulbildung eingegangen wird. Dabei ist zu beachten, dass grundsätzlich der Einsatz einer bestimmten Anwendung in ganz unterschiedlichen Anwendungsbereichen möglich ist.

Soziale Netzwerke: Soziale Netzwerke (genauer: Online-Abbildungen sozialer Netzwerke auf sogenannten Social Network Sites, vgl. Boyd/Ellison 2007) stellen eine seit 2008 sprunghaft verstärkt genutzte Form online kommunizierender sozialer Gemeinschaften dar. Sie dienen der individuellen Verbindung und dem kommunikativen Austausch einer größeren Zahl von Mitgliedern. Über ein durch den Nutzer angelegtes Profil, über das verschiedene persönliche Informationen wie biographische Daten und Interessen veröffentlicht werden können, kann sich dieser mit verschiedenen Personen aus dem engeren oder weiteren Freundes-, Kollegen oder Bekanntenkreis oder aber mit anderen Nutzern mit ähnlichen Interessen vernetzen. Netzwerke, die eher auf die private Vernetzung gerichtet sind, wie Facebook oder Google+, lassen sich von Sozialen Netzwerken unterscheiden, die auf die professionelle, z.b. berufliche Vernetzung zielen (z.b. Xing oder LinkedIn). Darüber hinaus existieren Soziale Netzwerke mit zielgruppen- oder themenspezifischer Ausrichtung (vgl. HRK 2010, S. 13).

Weblogs und Microblogging: Als Blogs oder Weblogs werden Social-Software-Anwendungen bezeichnet, die es einem oder mehreren Autoren (Bloggern) ermöglichen, kurze Artikel (Blog-Posts) zu schreiben und zu veröffentlichen (posten) (vgl. Redecker 2009, S. 33.). Ähnlich einem virtuellen Tagebuch erscheinen die veröffentlichten Artikel in chronologischer Reihenfolge auf der Blogwebseite. Kommentar- und Bewertungsfunktionen sowie Verweise (Links) auf Beiträge anderer Blogger fördern die soziale Kommunikation und „spannen dadurch oft weltweite Diskursnetzwerke auf" (Schaffert/Kalz 2009, S. 16). Durch die vielfältigen technischen Möglichkeiten, etwa zur Verschlagwortung der Beiträge (bezeichnet als ‚taggen') oder zum Einbinden von Bildern, Präsentationen, Videos und Audios, können Weblogs auch im Hochschulkontext auf ganz unterschiedliche Weise genutzt werden: etwa zum lehrveranstaltungsbezogenen Austausch außerhalb der Präsenzveranstaltungen, aber auch als persönliches Lerntagebuch Studierender zur Reflexion des Lernfortschritts. Zu den bekanntesten Anbietern von Weblogs zählen die Plattform Wordpress (www. wordpress.com/), die zu Google gehörende Plattform Blogger (www.blogger. com) und Tumblr (www.tumblr.com).

Im Gegensatz zur Veröffentlichung längerer Beiträge in Weblogs werden beim Microblogging nur kurze, SMS-artige Nachrichten verfasst (vgl. HRK 2010, S. 14). Bei dem Anbieter Twitter sind diese auf 140 Zeichen beschränkt. Eine Kommentarfunktion gibt es nicht, dafür können einmal geschriebene Nachrichten („Tweets") weitergeleitet werden („Retweet"). Darüber hinaus ermöglicht die Vergabe von Schlagworten – sogenannter Hashtags (engl. hash

= # und tag = Schlagwort) – das Auffinden aller zu einem Thema getwitterten Nachrichten. Die Einsatzmöglichkeiten von Microblogging sind auch hier vielfältig. Insbesondere bietet sich dieser Dienst als Diskussionsplattform an, wie er etwa in einem Seminar der Politikwissenschaften an der Uni Leipzig im Sommersemester 2011 (http://eutsose11.blogspot.com/) eingesetzt wurde.

Wikis: Wiki-Systeme ermöglichen das kollaborative Erstellen und Veröffentlichen von Texten im Internet. Die Bearbeitung erfolgt dabei direkt im Web-Browser in Form einer Wiki-Seite. Einzelne Wiki-Seiten können mithilfe einer speziellen Syntax miteinander verknüpft werden (vgl. HRK 2010, S. 14). Eine Versionsgeschichte ermöglicht es, Änderungen am Dokument präzise nachzuvollziehen und ggf. eine vorangegangene Version wieder herzustellen (vgl. Redecker 2009, S. 34). Das wohl bekannteste Beispiel für die gemeinsame Bearbeitung eines Wikis ist die Online-Enzyklopädie Wikipedia. Die seit 2001 bestehende Website wurde schnell zu einem der am meisten besuchten und am häufigsten zitierten Angebote im Netz (vgl. Redecker 2009). Der Einsatz von Wikis im Bildungskontext bietet sich – aufgrund ihres Potenzials für das kollaborative Lernen – insbesondere dann an, wenn es um das gemeinsame Erstellen einer Seminararbeit oder von Glossaren geht (vgl. Schaffert/Kalz 2009, S. 16).

Multimediaplattformen: Verschiedene Plattformen im Internet ermöglichen das Hochladen, Veröffentlichen und Teilen von multimedialen Formaten. Plattformen sind virtuelle Orte, auf denen sich eine meist sehr große Zahl von Autoren und Nutzern treffen, um – meist ohne Zugangsbeschränkung – digitale Medien online zu präsentieren und zu rezipieren. Neben dem Teilen von Videos und Fotos, wie auf den Plattformen Youtube (www.youtube.com) und Flickr (www.flickr.com), können auch Power Point-Präsentationen veröffentlicht werden, z.B. bei Slideshare (www.slideshare.net). Eine weitere Möglichkeit, multimediale Inhalte im Web 2.0 zur Verfügung zu stellen, sind Podcasts für auditive sowie Videocasts für audiovisuelle Inhalte (vgl. HRK 2010, S. 14). Die Verbreitung studienrelevanter Inhalte mittels Pod- und Videocasts wird bereits von einigen Hochschulen verfolgt. So verfügt unter anderem die Ludwig-Maximilians-Universität München über ein eigenes Portal auf der Podcastplattform iTunes (http://www.uni-muenchen.de/ueber_die_lmu/lmu_on_itunes_u/index.html), die Technische Universität Dresden stellt einzelne lehrbezogene Videosequenzen in Youtube ein.

RSS-Feeds und Feed-Reader: Hinter dem Begriff des RSS-Formats (Really Simple Syndication) verbirgt sich eine technologische Entwicklung, die es ermöglicht, Daten und Informationen von einer Webseite zu einer anderen zu transportieren (bezeichnet als Syndikation von Inhalten; vgl. Schaffert/Kalz 2009, S. 17). Mithilfe eines Feed-Readers oder durch Einbindung eines RSS-Feeds in eine Persönliche Lernumgebung (z.B. bei Netvibes oder Symbaloo) lassen sich Akualisierungen von Webseiten, wie z.B. neue Blogeinträge in einem Weblog, abonnieren (vgl. HRK 2010, S. 14).

Tagging: Während die bereits genannten Anwendungen von Social Software vor allem auf die Erstellung von Webinhalten gerichtet sind, handelt es sich beim Tagging bzw. Social Tagging um eine Form der „kollaborativen Anreicherung von Inhalten" (Schaffert/Kalz 2009, S.16). Dabei werden verschiedene Webinhalte wie Webseiten, Texte, Bilder oder Videos mit Schlagworten versehen (Tagging bzw. Social Tagging) und so für die eigene Recherche, aber auch für andere Nutzer wieder auffindbar. Sowohl Blogging- als auch Multimediaplattformen wie Youtube (Videos) oder Flickr (Fotos) ermöglichen die Verschlagwortung von Inhalten und eine schlagwortspezifische Suche. Darüber hinaus können auf Social-Bookmarking-Seiten wie Delicious oder Diigo Lesezeichen (Bookmarks) für beliebige Webseiten gesetzt und mit Schlagworten versehen werden. Die auf diese Weise entstehenden themenspezifischen Listen können von anderen Nutzern aufgefunden und weitergenutzt werden, es entstehen kollaborativ erzeugte multimediale Inhalte und Texte. Mithilfe von Literaturverwaltungsprogrammen wie Citavi (www.citavi.com), Zotero (www.zotero.org) oder Mendeley (www.mendeley.com) ist es darüber hinaus möglich, eine Verschlagwortung von Literatur, sowohl in digitaler als auch gedruckter Form, vorzunehmen. Die Visualisierung der Schlagworte in Form einer „Tag Cloud" (auf Deutsch: Bezeichnungs-Wolke) ermöglicht zudem einen Überblick über alle in einer Link- oder Literatursammlung verwendeten Tags und ihre Häufigkeit (vgl. HRK 2010). Social Bookmarking und Literatursammlungen eignen sich für das gemeinsame Erstellen eines Repositoriums, d.h. einer Sammlung von akademischen Publikationen, innerhalb einer Arbeitsgruppe, eines Seminars oder innerhalb eines übergreifenden Kontextes, etwa eines Instituts oder einer Hochschule, ebenso wie zur persönlichen Recherche nach Informationen im Internet.

E-Portfolios: Bei E-Portfolios handelt es sich um eine online geführte Sammlung von lernbezogenen Artefakten. Diese ermöglicht es, innerhalb einer Lehrveranstaltung oder des gesamten Studiums unterschiedlichste Artefakte wie Texte, Präsentationen, Videos, Dateien etc. auf einer persönlichen Webseite, dem E-Portfolio, zu sammeln und einem bestimmten Publikum zusammengefasst darzustellen (vgl. HRK 2010, S. 50). Für den Einsatz von E-Portfolios an Hochschulen wird häufig die E-Portfolio-Plattform Mahara (www.mahara. org) genutzt, da sie auch eine Integration des Lernmanagementsystems Moodle (www.moodle.de) ermöglicht. Im englischsprachigen Raum, aber auch in einigen Ländern Europas wie Österreich oder Schweden, ist der Einsatz von E-Portfolios zur Reflexion von Lernfortschritten und zur Selbstpräsentation der Studierenden für potenzielle Arbeitgeber bzw. ein weiterführendes Studium an einer Hochschule bereits seit einigen Jahren weit verbreitet, wie an anderer Stelle noch ausgeführt werden wird.

Persönliche Lernumgebungen (PLEs): Das Konzept der Persönlichen Lernumgebungen (engl. Personal Learning Environments) zielt auf die Integration informeller Lernprozesse, die mit verschiedener Social Software unterstützt werden, in einer Online-Umgebung. Aus technologischer Hinsicht geht es dabei um die Entwicklung interoperabler Onlineplattformen sowie technischer Standards und Schnittstellen, die diese Integration ermöglichen. In pädagogischer Hinsicht stehen die Integration und Unterstützung unterschiedlicher Lernpraktiken, wie Kommunikation und Vernetzung, kollaboratives Arbeiten oder Anreichern von Inhalten (z.B. Social Bookmarking), im Vordergrund. Integrierte Web-Oberflächen wie iGoogle (www.google.com/ig) und Netvibes (www.netvibes. com) ermöglichen die Einbindung verschiedener Social-Software-Anwendungen mithilfe von Widgets (kleinen Programmen, die sich in Form eines Fensters in die Benutzeroberfläche integrieren lassen) und Aktualisierungen von Webseiten über RSS-Feeds auf einer Plattform. In der E-Learning-Community wurde das Konzept der Persönlichen Lernumgebung in den vergangenen Jahren vor allem unter der Fragestellung diskutiert, ob und inwieweit PLEs herkömmliche Lernmanagementsysteme (LMS) ersetzen können (Downes 2005, Attwell 2007 und Kerres 2006). Während Downes (2005) für eine vollständige Ablösung der Lernmanagementsysteme durch PLEs plädiert, sieht Kerres (2006) Vorteile für das Lernen Studierender in einer Integration von Funktionen des LMS in Persönliche Lernumgebungen. Ein Mittelweg könnte die Bereitstellung offener Schnittstellen sein, die eine Integration von Social Software in bestehende Infrastrukturen ermöglicht (vgl. Fiedler 2006).

Die hier erläuterten Anwendungstypen von Social Software stellen einen Ausschnitt aus einem breiten Spektrum von Social-Software-Diensten dar. So gibt es darüber hinaus Anwendungen, die das gemeinsame Erstellen von Textdokumenten und Präsentationen unterstützen – wie GoogleDocs (http://docs. google.com) und das Präsentationstool Prezi (www.prezi.com) – oder solche, die es ermöglichen, eine größere Datenmenge auf einem virtuellen Server zu speichern – z.B. Dropbox (www.dropbox.com). Um sich einen Überblick über existierende Social-Software-Anwendungen und -Dienste zu verschaffen, empfiehlt sich ein Blick in die Liste der „Top 100 E-Learning-Tools" (http://c4lpt.co.uk/ top100tools). Diese Auflistung verschiedener Social-Software-Werkzeuge basiert auf Vorschlägen von internationalen E-Learning Experten und wird seit 2007 jährlich von Jane Hart, der Vorsitzenden des britischen Centre for Learning & Performance Technologies, in ihrem Weblog veröffentlicht.

Es waren solche Social-Software-Anwendungen, die dem Web im Zeitraum zwischen 2005 und 2010 zum Upgrade auf die Version 2.0 verholfen haben und die heute unsere Vorstellung vom „Internet" prägen. Im Bildungssektor und hier im Bereich des E-Learning erwarteten Forschende zunächst ähnlich starke Veränderungen wie in den Bereichen der privaten und der öffentlichen Kommunikation (Downes 2005, Kerres 2006, Köhler et al. 2008). Die entsprechenden Technologien haben sich im Bildungsbereich aber weit weniger stark verbreitet als in anderen Bereichen der Nutzung des Internet. Obschon heute die allermeisten Lernmanagementsysteme Web-2.0-Funktionalitäten aufweisen – wie Weblogs, Wikis und teils auch Tagging-Systeme –, wurde doch der Wechsel hin zu einer völlig neuen Art von Lernplattform, die stärker den Charakter einer „persönlichen Lernumgebung" als eines zentralisierten Lernmanagementsystems hat, bislang nur selten vollzogen.

Woran liegt dies? Der Grund dafür kann in institutionellen Merkmalen des Hochschulsystems wie Exklusivität, Reliabilität, Standardisierung und Institutionalisierung gesehen werden, aber auch in der extrem hohen Wertschätzung für akademische Traditionen. Solche Merkmale stehen dem „E-Learning 2.0" wirksam entgegen (Kleimann 2007, S. 156f.). Andererseits sind gerade diese institutionellen Merkmale in jüngster Zeit in Bewegung geraten, wie die Diskussionen um Öffnung und Qualität des akademischen Bildungsraumes zeigen (vgl. Köhler/Neumann 2011, aber auch die Progamme des BMBF „Bund-Länder-Programm für bessere Studienbedingungen und mehr Qualität in der Lehre" und „Offene Hochschule"). Die wesentlichen Merkmale dieser Veränderungen sollen vor dem Hintergrund des Wandels von Lernformen eingehender dargestellt werden.

2.2 Entwicklung der Hochschulbildung

Als bedeutendste Veränderung des Hochschulsystems wird häufig die sogenannte Bologna-Reform angesehen, die Initiative zur Vereinheitlichung des bestehenden europäischen Hochschulbetriebs durch Einführung gestufter Studiengänge. Damit verbunden sind gerade für das deutsche Bildungssystem neben den strukturellen Reformen eine Reihe von Veränderungen der Lernkultur, die mit den Schlagworten Kompetenzorientierung, selbstorganisiertes Lernen, lebenslanges Lernen und neuer Wettbewerb um Studierende bezeichnet werden. Worum geht es dabei genau?

Kompetenzorientierung, oder auch Studierendenorientierung, soll im Zuge der Bologna-Reformen als Leitbild der Hochschullehre erreicht werden (HRK 2007, S. 25f.). Damit ist gemeint, dass auf der Mikroebene Lernziele formuliert werden, die sich auf die Kompetenzen (insbesondere fachliche, aber auch weitere Kompetenzen) der Lernenden beziehen. Es wird davon ausgegangen, dass sich Kompetenzen objektiv formulieren lassen, diese durch Lehrveranstaltungen vermittelt werden können und entsprechende Prüfungen erlauben, den Grad des Kompetenzerwerbs und damit die Lernfortschritte der Studierenden festzustellen und vergleichbar zu machen (vgl. Welbers 2007).

Mit dieser Kompetenzorientierung verbunden ist ein Perspektivwechsel vom Lehren zum Lernen (Wildt 2007), der die Studierenden als Lernende in den Mittelpunkt rückt und die Lehre auf ihre Bedürfnisse im Lernprozess ausrichtet. Auch wenn dieser Wechsel bislang kaum vollzogen wurde (Reichert 2010, S. 9) spiegelt sich der Anspruch doch in vielen Studiengangsbeschreibungen wider und besteht als Leitbild für künftige Entwicklungen fort.

Selbstorganisiertes Lernen: Im Zuge der Orientierung auf die Studierenden wird von diesen auch verstärkt selbstorganisiertes Lernen erwartet. Dieses Selbstlernen wird als Workload erfasst und anteilig durch ECTS-Punkte honoriert. Nach Carstensen (2007, S. 211) machen entsprechende Studienleistungen bis zu 60 Prozent der vorgegebenen Arbeitsleistung aus. Die selbstorganisierten Anteile des Studiums sind zwar von den Studierenden zu leisten, den Hochschulen bleibt dabei jedoch die Aufgabe der didaktischen Gestaltung dieser Lernprozesse (ebd.). Prinzipiell sind die Freiräume für selbstorganisiertes Lernen durch die immer stärkere Verschulung des Studiums und die damit einhergehende höhere Arbeitsbelastung der Studierenden bedroht, die ebenfalls im Zuge der Reformen erwartet werden (Zauchner et al. 2008, S. 11f.) – auch wenn Studien den tatsächlich von den Studierenden geleisteten Zeitumfang infrage stellen (vgl. Schulmeister/Metzger 2011).

Lebenslanges Lernen war als Leitbild nicht von Anfang an Teil der Bologna-Reformen, wurde aber auf europäischer Ebene seit 2001 immer stärker auch in diesem Rahmen thematisiert und eingefordert (Wolter 2005). Auch das lebenslange Lernen ist mit dem Wechsel der Perspektive hin zu den Lernenden verbunden, die im Laufe ihres Lebens eine Reihe von Bildungsphasen durchlaufen. Der Begriff des lebenslangen Lernens macht dabei deutlich, dass Lernen bereits in der frühen Kindheit beginnt und mit dem berufsqualifizierenden Abschluss noch lange nicht endet. Diese Perspektive versucht, aktuellen gesellschaftlichen Entwicklungen wie der zunehmenden Alterung der Gesellschaft und einer zunehmenden Migration, welche insgesamt zu einer größeren Diversität der Studierenden und ihrer Bildungshintergründe führen, gerecht zu werden.

In der Folge brechen eine Reihe von etablierten Grenzen auf und ein neuer Blick auf Bildung wird ebenso möglich wie notwendig. Dies betrifft beispielsweise die Grenze zwischen den Bildungsphasen an Schule und Hochschule, zwischen die sich zunehmend Phasen beruflicher Tätigkeit schieben. Es betrifft aber auch die Grenze zwischen formalen und informellen Lernkontexten, die zunehmend als ineinandergreifend angesehen werden, ebenso wie die Grenze zwischen Universitäten und Fachhochschulen, die sich beide an den gesellschaftlichen Ausbildungsanforderungen orientieren müssen (Reichert 2010, S. 15) und deren Unterschiede im Hinblick auf die Wertigkeit der Abschlüsse wie auch auf den Eintritt in weitere akademische Qualifikationsphasen zunehmend nivelliert werden. Schließlich ist auch die Grenze zwischen Hochschule und Öffentlichkeit betroffen, wenn sich die Hochschule für neue Zielgruppen öffnet und neu um Legitimation für ihre Finanzierung werben muss und Aktivitäten unter Stichworten wie „Öffentliche Wissenschaft" oder „Postgraduale Weiterbildung" entfaltet.

Wettbewerb um Studierende: Ziel europäischer Programme wie auch nationaler Initiativen des DAAD ist die Übertragbarkeit von Studienleistungen in einem europäischen Bildungsraum. In diesem Rahmen wird auch die Mobilität der Studierenden über nationale Grenzen hinweg gefördert. Auch wenn dieses Ziel mit der stärkeren Strukturierung des Studiums kollidiert (Reichert 2010, S. 7), ist doch davon auszugehen, dass sich die Hochschulen langfristig einem zunehmenden Wettbewerb um Studierende stellen müssen. Zwar steht seit 2011 in vielen Bundesländern eher die Frage der Bewältigung des übergroßen Andrangs von Studierenden im Vordergrund, doch zeigt die Situation z.B. in Sachsen, dass die infolge demographischer Entwicklungen sinkende Nachfrage nach Studienplätzen für Erststudierende auch den Abbau von Studienplätzen befördern kann (Wintermantel 2006, S. 12).

Mit Kampagnen wie „Pack Dein Studium" werben beispielsweise die ostdeutschen Länder bereits heute deutschlandweit aktiv um Studierende. Auch die Forderung nach Konzepten für die Verringerung von Abbrecherquoten belegen Bemühungen um Studierende (SMWK 2011, S. 9). Es ist in diesem Zusammenhang davon auszugehen, dass Planungen einer verstärkten Profilbildung und Spezialisierung der Hochschulen z.B. in Sachsen (SMWK 2011, S. 14) sowie der bundesweite Exzellenzwettbewerb und die Erhebung von Studiengebühren in einzelnen Bundesländern die Unterschiede zwischen den Hochschulen verstärken und eine Konkurrenz auch um die besten Studierenden befördern werden. Inwieweit sich entsprechende Effekte allerdings tatsächlich einstellen, muss vorerst offen bleiben.

Im Zuge dieser Veränderungen haben sich auch die Erwartungen an ein Hochschulstudium verändert bzw. verändern sich weiter. Diese Begründungszusammenhänge sind neben dem medientechnologischen Fortschritt ursächlich für die Frage der Nutzung von Social Software im Studium, haben sich doch sowohl die Erwartungen der Studierenden wie auch die Erwartungen der Gesellschaft, speziell der Wirtschaft, deutlich verändert:

Erwartungen auf Seiten der Studierenden an den Einsatz von Informations- und Kommunikationstechnologien im Studium werden geprägt durch deren Mediensozialisation. Einige Forschende gehen davon aus, dass heutige Studierende, die bereits von Geburt an mit digitalen Kommunikationsmedien aufgewachsen sind, grundlegend neue Erwartungen und Verhaltensweisen in Bezug auf das Lernen entwickeln. Marc Prensky, der den Begriff der „Digital Natives" prägte, bemerkt: „Our students have changed radically. Today's students are no longer the people our educational system was designed to teach" (Prensky 2001, S. 1).

Als Konsequenz ruft er zu einer Überarbeitung von Lehrmethoden und -inhalten auf.

Zwar lässt sich die mit dem Begriff „Digital Natives" verbundene Annahme, die heutigen Studierenden würden grundlegend anders lernen als frühere Generationen, empirisch nicht halten (Bennett et al. 2008, Schulmeister 2008, Selwyn 2009). Andererseits ist unbestritten, dass Bildungsinstitutionen die durch die neuen Medien eröffneten Möglichkeiten nicht ignorieren können und eher früher als später von entsprechenden Wandlungsprozessen betroffen sein werden (König 2009). Auch zeigen empirische Studien, die nicht zuletzt durch die „Digital Natives"-These angestoßen wurden, ebenso vielfältige wie interessante Entwicklungen von Lernkulturen und Lerngemeinschaften unter Nutzung digitaler Medien auf (Ito et al. 2008).

Erwartungen auf Seiten der Wirtschaft sind dadurch geprägt, dass die Anforderungen an Arbeitnehmende nicht nur bei der Herstellung und Nutzung digitaler Produkte immer stärker kommunikativer Art sind. Mit der Abnahme des Anteils von Arbeitsplätzen in der Produktion steigt die Nachfrage der Unternehmen nach Hochschulabsolventen, die moderne Kommunikationsmedien kompetent einsetzen können (Niemeier 2011). Aus einer repräsentativen Umfrage des Branchenverbandes BITKOM geht hervor, dass die Bedeutung des Social Web für die Unternehmenskommunikation deutlich zunimmt. Spezialisten für die Entwicklung von Web-2.0-Strategien und die Betreuung der Kommunikationskanäle des Unternehmens werden immer wichtiger. Es wird daher bereits von einem neuen Berufsbild des bzw. der „Social Media Manager/in" gesprochen (BITKOM 2011). In der Kombination beider Erwartungshaltungen ist ein Wandel von Lernkulturen festzustellen, in dessen Rahmen kollaborative Arbeitsformen zunehmend auch in Bildungsprozessen praktiziert und geschult werden und kompetenzorientierte, dialogische Vermittlungsformen in den Vordergrund rücken (Erpenbeck/Sauter 2007, S. 137ff.). Diese Lernkulturen sind in einer Weise durch Praktiken der (computervermittelten oder unmittelbaren) Kommunikation und Kollaboration geprägt, dass die Frage des formalen oder informellen Kontexts nachrangig erscheint (vgl. Lave 1996).

2.3 Social Software in der Hochschulbildung

Bereits 2001 macht Prensky deutlich, dass sich Bildungsinstitutionen angesichts der weiten Verbreitung von IuK-Technologien auf neue Lern- und Denkformen der Lernenden einstellen müssen (vgl. Prensky 2001). Diese Beobachtungen wurden auch von der E-Learning-Forschung aufgegriffen und unter dem Begriff „E-Learning 2.0" (Downes 2005) zusammengeführt. Dieser nimmt einerseits die Lernenden und ihren zunehmend selbstverständlichen Gebrauch von Internetdiensten in den Blick, verweist andererseits aber auch auf die neuartigen

Angebote des Web 2.0, welche die Grenze zwischen Nutzung und Produktion von Inhalten im Internet auflösen. Daran wurde die Erwartung geknüpft, dass neue Formen des E-Learnings, welche durch vernetztes Lernen, einen spielerischen Lernprozess sowie den freien Austausch von Inhalten gekennzeichnet sind, früher oder später herkömmliche Lernmanagementsysteme ablösen würden (vgl. Downes 2005).

Während diese anfängliche Euphorie in Anbetracht der geringen Realisierung der Potenziale von Social Software im Rahmen formaler Lernprozesse allmählich einer Ernüchterung gewichen ist, bleibt das Potenzial von Social Software zur Unterstützung von Lernprozessen informeller Art und insbesondere zur individuellen Kompetenzbildung unbestritten (vgl. Baumgartner 2009). Diese Perspektive, die Studierende als Lernende, in ihrer Lernumgebung situiert, in den Blick nimmt, steht in engem Zusammenhang mit der bildungspolitischen Debatte um das Konzept des lebenslangen Lernens (etwa Coombs/Ahmed 1974) und ist auch zurückzuführen auf eine Wahrnehmung zunehmender Unterschiede in den Lernvoraussetzungen der StudienanfängerInnen (Huber 1999, S. 38) sowie einer Heterogenität des studentischen Alltags als Lernkontext (Cortina 2006, S. 502).

Lave (1996) plädiert bereits Ende der 1990er Jahre für einen stärkeren Einbezug des Lernkontextes in Lerntheorien. Für sie ist jeder Lernprozess situiert, das heißt eingebettet in seinen jeweiligen Kontext (vgl. Lave 1996, S. 155). Im Vergleich zum abstrakten formalen Lernen ist informelles Lernen dabei noch viel stärker situiert (vgl. Overwien 2005, S. 346). Deutlich wird hier, dass auch das studentische Lernen kein gegen externe Einflüsse abgeschotteter Prozess ist, sondern vielmehr „(...) nach allen Seiten zu makrosozialen Zusammenhängen offen: zu Veränderungen in Wissenschaft und Berufswelt, in politischen Strukturen und kulturellem Klima" (Huber 1991, S. 435) sowie beeinflusst durch verschiedene Prozesse der Persönlichkeitsentwicklung. Insbesondere bei Studierenden, die unmittelbar nach dem Schulabschluss ihr Studium beginnen (vgl. Cortina 2006), ist das akademische Lernen Teil des Sozialisationsprozesses und muss als „Bestandteil des Lebenslaufs und der eigenen, individuellen Kompetenzentwicklung" (Baumgartner 2009, S. 510) verstanden werden.

Informelles Lernen, also das außerhalb eines institutionell organisierten Rahmens stattfindende Lernen, umfasst Erfahrungslernen bzw. reflexives Lernen und implizites Lernen (Dehnbostel/Meyer-Menk 2002, S. 3), selbstgesteuertes Lernen, inzidentielles Lernen sowie Sozialisationsprozesse (Schugurensky 2000). Informelle eigenverantwortliche und selbstorganisierte Lernprozesse außerhalb der formalen Präsenzveranstaltungen werden spätestens seit der Einführung von ECTS im Rahmen der Bologna-Reform zur Beurteilung studentischer Leistungen zunehmend herangezogen (Cortina 2006, S. 509). Mayrberger geht davon aus, dass diese selbstgesteuerten Anteile des Studiums ein wichtiges Merkmal auch zukünftigen akademischen Lehrens und Lernens sein werden (Mayrberger 2010, S. 314). Baumgartner erkennt sogar einen Trend hin zur Verlagerung des Lehrens, von der abstrakten Wissensvermittlung zur Wahrnehmung und zum Aufbau individueller Kompetenzpotenziale (Baumgartner 2009, S. 506). In zahlreichen empirischen Studien konnte außerdem nachgewiesen werden, dass informelles Lernen den Großteil des Erwachsenenlernens ausmacht (vgl. Kahnwald 2008, S. 282f.).

Social Software kann dazu beitragen, geeignete Rahmenbedingungen zu schaffen, um informelles Lernen zu unterstützen. Schroeder et al. (2010) kommen nach einer Analyse der Stärken und Schwächen sowie Chancen und Herausforderungen (einer sogenannten SWOT-Analyse) zum Einsatz von Social Software im Hochschulkontext zu dem Ergebnis, dass insbesondere gemeinschaftliche sowie reflektierte und unabhängige Lernprozesse von Social Software unterstützt werden können. Darüber hinaus kann Social Software die Kommunikation zwischen Studierenden und Lehrenden verbessern sowie den Aufbau eines Gemeinschaftsgefühls bei den Studierenden fördern. Social Software hilft zudem bei der Vernetzung der Studierenden im Allgemeinen und fördert die Entstehung von Praxisgemeinschaften im Besonderen. Damit sich diese Potenziale entfalten können, ist es notwendig, die Nutzung von Social Software aktiv zu fördern. Weiterhin müssen die Lernenden über Medienkompetenzen zum Einsatz von Social Software verfügen (vgl. Schroeder et al. 2010, S. 164f.). Insgesamt liegen die Potenziale von Social Software zur Unterstützung informeller Lernprozesse im Hochschulkontext vor allem in den Anwendungsbereichen Kommunikation, kollaboratives Lernen sowie Vernetzung (vgl. Schaffert/Kalz 2009, S. 16).

2.4 Herausforderungen

Bei allen Potenzialen bringt der Einsatz von Social Software speziell an Hochschulen auch einige Herausforderungen, Risiken und Probleme mit sich, die z.T. bereits erwähnt wurden. Dabei handelt es sich nicht um grundsätzliche Hindernisse für den Einsatz, wohl aber um Aspekte, die bei der Konzipierung von Einsatzszenarien als Rahmenbedingungen beachtet werden müssen, um Social Software erfolgreich im Hochschulkontext einzusetzen.

Das informelle Lernen mit Social Software lebt von der Offenheit und dem selbstorganisierten Charakter der Nutzung von Onlineangeboten im Web 2.0 mit ihren häufig durch die Nutzer selbst erzeugten Inhalten. Bereits seit Beginn der Internetnutzung um 1990 wird beobachtet, dass die neuen Formen computervermittelter Kommunikation eher egalisierend wirken, klassische Hierarchien infrage stellen (Spears/Lea 1994). Dieser Effekt kommt auch im Hochschulsystem zum Tragen, wo Merkmale wie Exklusivität (durch

Hochschulzugangsberechtigung und -beschränkung, Kapazitätsrecht), Reliabilität (Qualitätssicherung), Standardisierung (Modulhandbücher, Prüfungsordnungen) und Institutionalisierung (Verlässlichkeit von Prozeduren, öffentliche Finanzierung, wissenschaftliche Methodologie) charakterisiert werden, die der Nutzung von Social Software entgegenstehen bzw. diese nur in „gezähmter" Form erlauben (Kleimann 2007).

Diese *unterschiedlichen Kulturen* des Web 2.0 auf der einen Seite und der akademischen Welt auf der anderen Seite bringen es mit sich, dass die Studierenden das Engagement von Hochschulen im Web 2.0 zum Teil grundsätzlich ablehnen. Insbesondere die Nutzung von Social Networks durch Lehrende oder zur Begleitung von Lehrveranstaltungen ist davon betroffen, wie Studien aus den USA (Jones et al. 2010) und der Schweiz (von Boehmer et al. 2011) zeigen. Offenbar hat die Nutzung von Social Networks für die Studierenden vorerst privaten Charakter und eine Vermischung mit (formalen) Studienangelegenheiten wird als störend angesehen. Aber auch Lehrkräfte sind nicht ohne weiteres bereit, sich auf die neue Offenheit einzulassen – sie verfügen zudem oft nicht über ausreichende Kompetenz im Umgang mit den neuesten Formen der Online-Kommunikation und sind in Bezug auf die Lehre meist eher wenig experimentierfreudig. Insofern bestärken sich Studierende und Lehrende wechselseitig in ihrer Zurückhaltung bei der Aufnahme von online gestützten Lehr- und Lernformen in den akademischen Betrieb (vgl. Fischer/Köhler 2011).

Die Konzentration auf informelle Lernprozesse hilft, solche Hindernisse zu verringern. Zusätzlich nähern sich Wissenschaft und Social Web einander zumindest punktuell an, wie das Beispiel der „open access"-Bewegung zeigt, die von den bedeutendsten wissenschaftlichen Organisationen seit einiger Zeit begrüßt wird (vgl. HRK 2009). Allerdings stellt die *Unverbindlichkeit nutzergenerierter Daten und Inhalte* eine Herausforderung für ihre Anwendung zu Lernzwecken dar. Solange Qualitätssicherungsverfahren fehlen, sind die Lernenden selbst gefordert, die Qualität und Reliabilität von Informationen zu prüfen. Der Einsatz von Social Software zieht größere Verantwortung (für eigene und fremde Inhalte) und höhere Kompetenzanforderungen auf Seiten der Lernenden (Medienkompetenz) wie der Lehrenden (Betreuungskompetenz) nach sich. Studierende sollten möglichst früh mit Social-Software-Werkzeugen für das Lernen vertraut sein – auch mit Risiken und Problemen. Denn IT-Support kann in Anbetracht der Vielzahl an Social-Software-Anwendungen durch die Hochschulen nur sehr begrenzt geleistet werden (Schroeder et al. 2010, S. 168).

Entsprechend stellen die *Medienkompetenzen der Lernenden* eine weitere Herausforderung dar, die entscheidend für das erfolgreiche Lernen mit Social Software ist. Lernende sollten in der Lage sein, Internetquellen hinsichtlich ihrer Glaubwürdigkeit bewerten zu können. Sie sollten in der Lage sein, gefundene Informationen kritisch zu bewerten, den Urheber zu identifizieren und dessen Zuverlässigkeit zu prüfen und ggf. weitere Informationsquellen zur Validierung zu nutzen. Sie sollten die Problematik von Informationsüberflutung und Ablenkung kennen und Strategien des Umgangs mit diesen entwickeln. Konsequentes Zeitmanagement bei privaten und Lernaktivitäten im Web 2.0 sowie der Einsatz von Spam- und Werbefiltern können helfen, relevantes von irrelevantem, aber interessantem Wissen zu trennen. Nicht zuletzt bieten viele Social-Software-Anwendungen Funktionen an, die den effizienten Umgang mit Informationen unterstützen (Tagging, „Read later"-Funktion) – und so eine bedarfsgerechte Anreicherung um neue Informationen durch den/die Lernende/n selbst ermöglichen.

Der Aufwand der *Einrichtung bestimmter Angebote* und der *Einarbeitung in ihre Funktionsweise* ist nicht zu unterschätzen. Social-Software-Angebote entwickeln ihren Mehrwert meist nur bei regelmäßiger Nutzung und Pflege. Der Wechsel von Angeboten wird häufig dadurch erschwert, dass Standards für den Austausch von Daten zwischen den Anwendungen entweder nicht existieren oder von den Anwendungen nicht unterstützt werden. Als Reaktion auf diese Herausforderung empfiehlt sich im Studium ein möglichst frühzeitiger Beginn der Auseinandersetzung mit den jeweiligen Werkzeugen, um zu vermeiden, dass Ressourcensammlungen umständlich abgeglichen und aggregiert werden müssen. Die gewählten Anwendungen sollten einfach und intuitiv nutzbar sein. Soweit möglich sollten Vorarbeiten Anderer genutzt werden (z.B. öffentliche Linksammlungen zu einem bestimmten Thema), was durch vergleichbare Vorgehensweisen unterschiedlicher Lehrender erleichtert wird. Leider sind solche fachübergreifenden strategischen Orientierungen des Lehrpersonals im Hinblick auf den Einsatz von Social Software die Ausnahme.

Darüber hinaus ist daran zu denken, dass die Social-Software-Angebote nicht zuletzt durch ihre Neuartigkeit auch technischen Herausforderungen unterliegen, etwa aufgrund von *Server-Problemen* oder *Anpassungsmaßnahmen eines Dienstes* nicht unbedingt jederzeit und unbegrenzt zur Verfügung stehen (Schroeder et al. 2010, S. 168) – ein Problem, das auch traditionelle E-Learning-Angebote haben. Regelmäßige und vorausschauende Information auf den Webseiten der Anbieter, Datensicherungen sowie die Verwendung offener Standards, die es ermöglichen, Daten zu exportieren und zu importieren, können Datenverluste verhindern und die Beeinträchtigungen minimieren. Viele Social-Software-Anbieter erlauben auch die Offline-Bearbeitung von Daten, etwa beim Schreiben von Blog-Beiträgen oder bei der Verwaltung von Literaturangaben. Dabei geht es also um eine Kombination von anbieter- mit nutzerseitigen Strategien.

Eine große Herausforderung stellt schließlich der *Umgang mit persönlichen Daten* im Internet dar, sowohl für die Lernenden als auch für die Hochschulen. Für Hochschulen im Freistaat Sachsen etwa ist dabei zunächst das generelle

„Verbot mit Erlaubnisvorbehalt" der Verarbeitung personenbezogener Daten relevant (siehe §4 Abs. 1 SächsDSG). Demnach darf die Verarbeitung personenbezogener Daten nur aufgrund einer expliziten rechtlichen Grundlage erfolgen, andernfalls bedarf sie der expliziten Zustimmung der betroffenen Person.

Für den Einsatz von Social Software zur Unterstützung informellen Lernens an Hochschulen liegt der Schwerpunkt rechtlicher Herausforderungen allerdings beim Einsatz externer Social-Software-Angebote. Die Lernenden sollten daher durch vorangehende Vermittlung entsprechender Kompetenzen in die Lage versetzt werden, aber auch durch entsprechende Einstellungen der Angebote in der Lage sein, exakt zu bestimmen, welche personenbezogenen Daten sie welchem Nutzerkreis offenbaren und hinterlassen möchten.

Die Verfügbarkeit von Social Software als „Open Source"-Anwendungen sowie vieler Inhalte im Web 2.0 als „Open Content" bzw. unter „Creative Commons"-Lizenzen wirft als weitere rechtliche Frage auf, inwieweit bei der Verwendung und Weiterverarbeitung von Inhalten *Urheberrechte* beachtet werden müssen. Die Bezeichnung „frei" bedeutet hier nicht, dass Inhalte wie Bilder, Texte, Videos oder Software keinen Urheberrechten unterliegen. Vielmehr handelt es sich hierbei um urheberrechtlich geschützte Werke, deren Nutzung durch eine entsprechende Lizenzform gestattet wird (Kreutzer 2009, S. 11).

Solche „freien Lizenzen" weisen verschiedene Vorteile für Nutzer und Anbieter auf. So können Open Source-Software und Open Content kostenlos genutzt werden und den Nutzern werden weitreichende Befugnisse für die Weiterverwendung eingeräumt. Anbietern bzw. Rechteinhabern ermöglichen freie Lizenzen eine stärkere Verbreitung und Wahrnehmbarkeit ihrer Inhalte. Da auch freie Lizenzen – soweit vom Rechteinhaber gewünscht – eine Namensnennung erfordern, können solche Inhalte auf ihre Urheber zurückgeführt werden (Kreutzer 2009, S. 12f.). Im konkreten Fall bedeutet dies, dass auch Studierende ihre Erlaubnis zur weiteren Nutzung durch sie erzeugter Online-Inhalte für ihre Lehrkräfte erteilen müssten.

Die einfache und meist kostenfreie Verfügbarkeit von Anwendungen und Inhalten im Web 2.0 darf also nicht darüber hinwegtäuschen, dass die meisten Angebote nicht für eine freie Nutzung vorgesehen sind, insbesondere nicht für die Einbindung in selbst erstellte Materialien. Kostenfreiheit wird außerdem in vielen Fällen dadurch erreicht, dass die Nutzer Werbung akzeptieren müssen bzw. einer zum Teil umfassenden Nutzung ihrer persönlichen Daten durch den Anbieter zustimmen müssen. In diesen Fällen ist es ratsam, Alternativen mit vergleichbarem Funktionsumfang zu prüfen. So wird zum Beispiel das Terminplanungstool „Foodle" im Rahmen des Deutschen Forschungsnetzes werbefrei angeboten (terminplaner.dfn.de), das ähnlich funktioniert wie das zwar kostenfreie, aber werbefinanzierte Tool „Doodle".

Um missbräuchliche Verwendung von Social Software und Inhalten aus dem Web 2.0 im Hochschulkontext zu vermeiden, empfiehlt sich zum einen die Sensibilisierung von Lernenden und Lehrenden für den Umgang mit diesen Inhalten sowie die Aufstellung eines Verhaltenskodex für den Einsatz von Web 2.0 im Hochschulkontext. Zum anderen sollte dieser regelmäßig als Teil der Medienkompetenz den Studierenden vermittelt werden, ebenso die geltenden Regeln wissenschaftlicher Praxis (z.B. hinsichtlich des Urheberrechts) (Schroeder et al. 2010). In gewisser Weise gehört das Wissen über solche Verhaltensweisen heutzutage zu den Grundlagen für das wissenschaftliche Arbeiten. Eine ausführlichere Darstellung der rechtlichen Implikationen des Einsatzes von Social Software durch Hochschulen kann an dieser Stelle nicht erfolgen. Im Zuge der Einführung neuer Szenarien empfiehlt es sich daher, im Medien- und Urheberrecht kompetente Juristen hinzuzuziehen.[1]

---

1 Für die sächsischen Hochschulen existieren entsprechende Beratungsangebote beispielsweise über den „Zertifikatskurs Intellectual Property Rights" an der Juristischen Fakultät der TU Dresden. Zudem werden Rechtsfragen vor Einführung neuer Funktionalitäten in der sächsischen Lernplattform OPAL durch die Bildungsportal Sachsen GmbH, den OPAL-Dienstleister für alle sächsischen Hochschulen, analysiert.

3. Die Perspektive der Studierenden: Empirische Ergebnisse

Diese Überlegungen zur Einbindung von Social Software in den institutionellen Rahmen der Hochschulen würden aber an der Praxis vorbeigehen, wenn sie nicht durch eine Betrachtung des Nutzungskontextes ergänzt würden. Daher soll zunächst der bereits angekündigte Perspektivwechsel auf die Studierenden hin erfolgen und den Ausgangspunkt für empirische Analysen bilden, deren Ergebnisse die Grundlage für praxisnahe Vorschläge zur Unterstützung des studentischen Lernens bilden können. Nicht mehr die technischen oder institutionellen Rahmenbedingungen stehen also im Vordergrund, sondern Fragen wie beispielsweise: Wie nehmen Studierende ihr Lernen im institutionellen Rahmen der Hochschule wahr? Welche Praktiken der Bewältigung entwickeln sie in den unterschiedlichen Phasen ihres Studiums? Und welche Rolle spielen dabei Informations- und Kommunikationstechnologien und speziell Social Software?

Studierende stellen die zentrale Klientel der Hochschule dar, respektive die Zielgruppe jedweder Lehrtätigkeit. Selbst die vergleichsweise starke Fokussierung der Universitäten auf den Forschungsbetrieb führt höchstens zu einer Vernachlässigung des Lehrbetriebs in der Wertschätzung, nicht aber zu einer Preisgabe dieser Kernaufgabe. Nicht erst mit der Einführung digitaler Medien ändern sich die Erwartungen an die Lehre. So werden an den Hochschulen die neuen Anforderungen bei der Betreuung der Studierenden angesichts der mit den Reformen von Bologna einhergehenden Veränderungen schrittweise sichtbar. Nicht zuletzt die intensive Auseinandersetzung mit Fragen der Umsetzung dieser Reformen hat die Studierenden, ihre Bedürfnisse als Lernende und den Prozess des Studierens in den Mittelpunkt gerückt (vgl. z.B. Schulmeister 2007).

Die Hochschule sollte sich daher bei der Konzipierung von Maßnahmen, die das Lernen der Studierenden unterstützen sollen, nicht an einzelnen Lehrsituationen, sondern am Studium als Erfahrungsraum insgesamt orientieren, an der „Student Experience", wie es in den angelsächsischen Ländern heißt (z.B. Hellsten/ Prescott 2004). Dies lenkt den Blick außer auf die fachlichen Leistungen auf weitere Anforderungen, die sich an Studierende stellen, wie z.B. eigenverantwortlich und selbstgesteuert zu arbeiten, lern- und leistungsbereit zu sein sowie intellektuelle Neugier zu entwickeln. Für einen erfolgreichen Verlauf des Studiums bedeutsam sind zudem die Anerkennung im Kreis der Kommilitonen einerseits sowie die akademische Integration und die Identifikation mit dem Studienfach andererseits (Cortina/Baumert 2004, S. 173).

Die Bedeutung dieser und weiterer Anforderungen im Studienverlauf wurde im Projekt „Learner Communities of Practice" empirisch untersucht. Dazu wurden zunächst die bereits bestehenden Nutzungen von Social Software durch Studierendengruppen an ausgewählten sächsischen Hochschulen durch eine

Onlinerecherche erhoben und analysiert (s. Abschnitt 3.1). Zur theoretischen Einordnung der Nutzung von Social Software durch Studierende wird der Begriff des informellen Lernens herangezogen (Abschnitt 3.2) und praxistheoretisch auf das Modell des „Student Life Cycle" nach Schulmeister (2007) bezogen. Auf dieser Basis wurden in einer Diskussion mit Experten der am Projekt beteiligten Hochschulen verschiedene Lernphasen des Studiums identifiziert und ein Phasenmodell informellen Lernens im Studium entwickelt (s. Abschnitt 3.3), das in einem Pretest mit fünf Studierenden höherer Fachsemester und unterschiedlicher Studienrichtungen empirisch validiert wurde. In einem weiteren Schritt wurden an den Hochschulen der Projektpartner Fokusgruppeninterviews mit Studierenden durchgeführt und anschließend qualitativ ausgewertet. Insgesamt wurden bei der Erhebung 34 Studierende unterschiedlicher Semester befragt.

Die Fokusgruppeninterviews mit Studierenden an den Partnerhochschulen sollten dazu beitragen,

a) Anforderungen zu erheben, die sich Studierenden unterschiedlicher Fachrichtungen im Rahmen der informellen Aspekte ihres Studiums stellen (s. Abschnitt 3.4),
b) Nutzungspraktiken und bereits genutzte Anwendungen von Social Software beim informellen Lernen der Studierenden zu erheben (s. Abschnitt 3.4) und
c) Erwartungen und Wünsche der Studierenden in Bezug auf eine Persönliche Lernumgebung zu erheben (s. Abschnitt 3.5).

Auf der Basis der in den empirischen Analysen gewonnenen Erkenntnisse wurden schließlich Schlussfolgerungen gezogen, an denen sich die Szenarien für die Unterstützung des Lernens mit Social Software orientieren können (s. Abschnitt 3.6).

3.1 Nutzung von Social Software durch Studierende

Wie einleitend beschrieben, nutzen Studierende Social Software gern und häufig, nicht zuletzt im Kontext ihres Studiums. Entsprechend viele Angebote studentischer Initiativen ließen sich bei einer ersten Recherche an sächsischen Hochschulen finden, die im Februar 2010 an allen am Projekt „Learner Communities of Practice" beteiligten Hochschulen durchgeführt wurde. Die genutzten Angebote reichen von Informations- und Alumni-Portalen, die häufig eine ganze Hochschule erfassen, über Repositorien, bei denen Materialien und Diskussionsforen zu Studienthemen beispielsweise von Fachschaftsräten auf eigens eingerichteten Webseiten bereitgestellt werden, bis hin zu Online-Kollaborationstools und Social-Network-Gruppen, mit deren Hilfe Studierende meist auf disziplinärer Ebene an einer Hochschule zusammenfinden, sich austauschen und gemeinsam arbeiten können.

Besonders häufig werden diese Softwaretools zur *Bereitstellung von Dokumenten und Studienmaterialien* für Kommilitonen und zur Unterstützung der *wechselseitigen Kommunikation zu studiengangsbezogenen Themen* genutzt. So bietet das „Wissensnetz" des Fachschaftsrates Medien- und Kommunikationswissenschaften der Universität Leipzig ein umfangreiches Repositorium mit Information, Dokumenten und Tutorials rund um das Studium an (www. kmw-student.de). Die Webseiten der Fachschaftsräte stellen dabei oft integrierende Informationsportale dar: Über sie erhält man Zugriff auf Foren, findet Studienmaterialien zum Download und erfährt Neuigkeiten zur Arbeit des Fachschaftsrates, Termine von Veranstaltungen oder allgemein studiengangsbezogenen Themen.

Häufig sind die hierfür verwendeten Forensysteme kombiniert mit einem Newsblog, welches das Abonnieren von RSS-Feeds erlaubt, aber keine Kommentarfunktion oder Schlagwortsuche bietet. Hinsichtlich der Nutzung von Social Software stellen die Webseiten der Fachschaftsräte Medizin und Zahnmedizin der TU Dresden (www.medforum-dresden.de) und des Fachschaftsrats Wirtschaftswissenschaften der TU Chemnitz (www.tu-chemnitz.de/wirtschaft/fsr) besonders ausgereifte Beispiele dar. Darüber hinaus wurde die Social-Network-Plattform StudiVZ mit ihrer Gruppenfunktion von vielen Studierenden sächsischer Hochschulen genutzt, die sich dort getrennt nach bestimmten Studiengängen und Jahrgängen austauschen.

Ein ebenfalls häufiges Einsatzgebiet für Social Software ist die *Pflege der Kontakte zu Absolventen* über Alumni-Portale und -Netzwerke. Der Zugang dazu ist in der Regel auf den Webseiten der Fakultäten oder Hochschulen zu finden. Absolventen bietet sich so die Möglichkeit, sich untereinander auszutauschen, sich über Weiterbildungsmöglichkeiten und Jobangebote zu informieren oder an Absolvententreffen teilzunehmen bzw. diese zu organisieren (z.B. über das Alumni-Portal der Hochschule für Telekommunikation unter alumni. hft-leipzig.de). Zur Vernetzung von Hochschulabsolventen werden auch die Gruppenfunktionen der Sozialen Netzwerke Xing und Facebook genutzt.

Vereinzelte Initiativen versuchen darüber hinaus, einen *Austausch zwischen Studierenden, Absolventen und Dozenten* zu forcieren. Die „Medienheimat" an der TU Chemnitz (www.medienheimat.de) beispielsweise ist eine Informationsplattform für Studierende und Absolventen der Medienkommunikation, die von studentischen Vertretern betrieben wird. Der Verein „Netzwerk Kommunikationspsychologie e.V. " an der Hochschule Zittau-Görlitz betreibt neben seiner Webseite (www.netkomm.org) eine Facebook-Präsenz, um sein Ziel einer Vernetzung von Studierenden, Absolventen und Lehrenden des Studiengangs Kommunikationspsychologie umzusetzen. Bevor auf die empirische und theoretische Analyse derartiger studentischer Praktiken eingegangen wird, stellt der folgende Abschnitt die diesem Vorgehen zugrunde liegende Perspektive auf informelles Lernen im Studium vor.

3.2 Informelles Lernen als konzeptueller Rahmen

Der Blick auf die Online-Angebote studentischer Initiativen macht deutlich, dass aus der Perspektive der Studierenden die Bewältigung des Studiums mehr umfasst als nur die Aneignung entsprechenden fachlichen Wissens. Um dieser Perspektive gerecht zu werden und gleichzeitig die Untersuchung der Social-Software-Nutzung in einen lerntheoretischen Rahmen zu stellen bietet es sich an, den Blick auf das informelle Lernen zu richten.

Der Begriff des informellen Lernens enstammt ursprünglich dem Begriffsinventar John Deweys und wurde später, ausgehend von Knowles Buch „Informal Adult Education" (Knowles 1950), von der US-amerikanischen Erwachsenenbildung übernommen. Auch wenn in der internationalen Diskussion keine eindeutige und vor allem einheitliche Definition informellen Lernens existiert, lassen sich über die Disziplinen und Länder hinweg gewisse Schnittmengen und Spannungsfelder bestimmen.

Häufig wird informelles Lernen durch seine Organisationsform und seinen Lernort bestimmt als ein Lernen, das außerhalb von formalen Bildungseinrichtungen stattfindet und nicht zertifiziert wird (vgl. Straka 2000). Für die Bildungsdiskussion innerhalb der EU hat die Europäische Kommission die folgenden Definitionen festgelegt (Europäische Kommission 2001):

Formales Lernen: Lernen, das üblicherweise in einer Bildungs- oder Ausbildungseinrichtung stattfindet, (in Bezug auf Lernziele, Lernzeit oder Lernförderung) strukturiert ist und zur Zertifizierung führt. Formales Lernen ist aus der Sicht des Lernenden zielgerichtet.

Informelles Lernen: Lernen, das im Alltag, am Arbeitsplatz, im Familienkreis oder in der Freizeit stattfindet. Es ist (in Bezug auf Lernziele, Lernzeit oder Lernförderung) nicht strukturiert und führt üblicherweise nicht zur Zertifizierung. Informelles Lernen kann zielgerichtet sein, ist jedoch in den meisten Fällen als Lernprozess nichtintentional oder auch inzidentell/beiläufig.

Darüber hinaus wird informelles Lernen beschrieben als meist in Organisations-, Arbeits- oder Tätigkeitskontexte eingebunden und der Bewältigung von Anforderungen und Aufgaben bzw. der Problemlösung dienend. Anders ausgedrückt: „Informelles Lernen ist ein instrumentelles Lernen, ein Mittel zum Zweck. Der Zweck ist – im Gegensatz zum formalen Lernen – nicht das Lernen selbst, sondern die bessere Lösung einer Aufgabe, einer Situationsanforderung, eines Lebensproblems mithilfe des Lernens" (Dohmen 2001, S. 19).

Folgt man den Definitionen der Europäischen Kommission, so wäre jegliches Lernen innerhalb der Hochschule dem fomalen Lernen zuzurechnen. Zu fragen wäre jedoch nicht zuletzt in Anbetracht der oben beschriebenen Aktivitäten studentischer Initiativen, ob der Zweck beim formalen Lernen tatsächlich das Lernen selbst ist, oder ob nicht auch hier vielfältige individuelle Motivationen, Strategien und Anreize vorliegen, die Lernen aus Sicht des Lernenden auch im institutionellen Rahmen als Lösung einer Aufgabe oder einer Situationsanforderung und damit mit Dohmen als informelles Lernen verstehbar machen. Tatsächlich hat sich eine Unterteilung nach formalen und informellen Lernorten sowie formalen und informellen Lernprozessen etabliert (z.B. BMFSFJ 2005), die in Form einer Analysematrix eine stärkere Differenzierung ermöglicht als die lernortgebundenen EU-Definitionen.

Die Soziologin Jean Lave stellte im Rahmen ethnografischer Feldstudien am Beispiel von westafrikanischen Schneidern fest, dass, egal ob diese eine Schule besucht hatten oder nicht, ihre täglich angewandte Mathematik (als Prototyp formalen, dekontextualisierten Wissens) eng mit dem sozialen Kontext verwoben ist. Dies führte sie im Umkehrschluss zu der These, dass auch nominell dekontextualisiertes Schulwissen als kontextgebunden und sozial situiert zu begreifen ist: „It was not just the informal side of life that was composed of intricately context-embedded and situated activity: there is nothing else. And further, if there is no other kind of activity except situated activity, then there is no kind of learning that can be distinguished theoretically by its ‚de-contextualization‘, as rhetoric pertaining to schooling and school practices so often insists" (Lave 1996, S.126).

Folgt man dieser Argumentation, so erscheint der Unterschied zwischen formalem und informellem Lernen nicht so sehr durch seine Organisationsform oder den Lernort als vielmehr durch die eingenommene Perspektive bestimmt. Sprechen über institutionelles Lernen findet implizit zumeist aus einer Vermittlungs- oder Lehrperspektive heraus statt, hinter der die Frage nach dem eigentlichen Lernen quasi verschwindet, wie Lave ausführt:

„From the point of view of the dualist formal/informal model [...] culture becomes shared via cultural transmission. It is the transmitter's point of view that is implicitly privileged. By contrast, one central point of the apprenticeship research is that learning is the more basic concept, and that teaching (transmission) is something else. Teaching certainly is an object for analytical inquiry, but not an explanation for learning. Indeed whole apparatuses of explanation for learning are cultural artefacts about teaching and they are in need of explanation" (Lave 1996, S.125f.).

Mit Lave wird im vorliegenden Band informelles Lernen im Studium als Bewältigung von Anforderungen des Lernprozesses selbst, aber auch der Lebensführung insgesamt und der Bewältigung von fachlichen Aufgaben ebenso wie von Aufgaben der Studienorganisation aus Sicht der Studierenden in den Fokus gerückt. Zugrunde liegt dieser Perspektive eine phänomenologische Definition von Lernen als „Neu-Bewältigung einer Situation" (Schulze 1993, S. 252), die auch ins Alltagshandeln integrierte informelle Lernprozesse einbezieht. Aus diesem Verständnis heraus wird nach Möglichkeiten der Unterstützung entsprechender Aktivitäten mithilfe von Social Software gefragt.

3.3 Praxistheoretische Grundlage der Untersuchung studentischen Lernens

Mithilfe dieses Verständnisses von informellem Lernen lassen sich die im Abschnitt 3.1 aufgeführten Beispiele studentischer Aktivitäten als informelle Lernaktivitäten im Studium begreifen. Die Aktivitäten zeigen, dass Studierende ihr Studium als eine Sammlung von Erfahrungen und Aktivitäten wahrnehmen und gestalten, die über den Besuch von Lehrveranstaltungen hinausgeht und die aktive Auseinandersetzung mit der eigenen Person ebenso wie mit dem sozialen Umfeld umfasst. Der Begriff des informellen Lernens verweist dabei auf eine praxistheoretische Perspektive, die Lernende als *Teilhabende an sozial situierten Praktiken* betrachtet – ein Aspekt, der aus individualpsychologischer ebenso wie aus sozialpsychologischer Sicht lange zu wenig Beachtung gefunden hat (Lave 1996, Köhler 2003). Die Rede von situierten Praktiken bedeutet dabei eine zweifache Eingebundenheit der Studierenden: zum einen die soziale Eingebundenheit in Communities of Practice, zum anderen die zeitliche Eingebundenheit in biographische Lernphasen entlang des Student Life Cycles.

3.3.1 Studieren im sozialen Kontext – Studierende als Community of Practice

Der Begriff der „Community of Practice" geht auf Arbeiten von Lave und Wenger (1991) zum situierten Lernen zurück. Eine Community of Practice lässt sich demnach durch drei zentrale Merkmale charakterisieren (Wenger/ McDermott/Snyder 2002):

Community: Eine Gruppe von Personen muss miteinander interagieren, sich engagieren und Ideen und Erfahrungen austauschen.

Domain: Die Mitglieder der Gruppe müssen über Sachverstand in einem gemeinsamen Gebiet (‚domain') verfügen.

Practice: Über die Zeit entwickelt sich eine gemeinsame Praxis der Mitglieder, indem z.B. gemeinsam Lösungen für aktuelle Probleme erarbeitet werden.

Diese drei zentralen Merkmale von Communities of Practice stehen nicht losgelöst voneinander, sondern sind aufeinander bezogen. Die gemeinsame Praxis etwa ist eine grundlegende Bedingung für die Entstehung und den Zusammenhalt der Community (Wenger 1998, S. 72). Dies findet Ausdruck in den drei Dimensionen von Praxis: 1. aufeinander bezogenes Handeln („mutual engagement'), 2. ein gemeinsames Unterfangen („joint enterprise') und 3. ein gemeinsames Repertoire („shared repertoire').

Arnold (2003) überträgt das Modell der Community of Practice auf Studierende im Fernstudium und differenziert es weiter aus (Abb. 1).

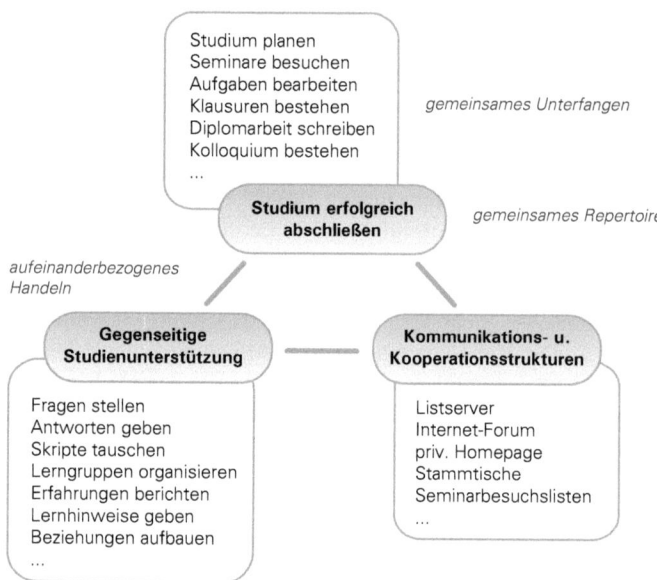

Abbildung 1: Dimensionen der Praxis in der Gemeinschaft (nach Arnold 2003, S. 145).

Die geteilte Praxis ist hier gekennzeichnet durch das gemeinsame Unterfangen, das Studium erfolgreich abzuschließen, durch aufeinander bezogenes Handeln in Form gegenseitiger Unterstützung und durch ein gemeinsames Repertoire von Kommunikations- und Kooperationsstrukturen, die sowohl den face-to-face-Kontakt als auch verschiedene Onlinekanäle umfassen (vgl. Arnold 2003, S. 145). Tätigkeiten formalen Lernens (etwa der Besuch von Lehrveranstaltungen) gehen dabei eng mit Tätigkeiten informellen Lernens (wie der Studienorganisation oder Pflege von Kontakten zu KommilitonInnen) einher – ganz im Sinne der o.g. situierten Praktiken.

3.3.2 Lernen als Prozess – das Studium als Phase lebenslangen Lernens

Neben der Einbettung in einen sozialen Kontext, die studentische Community of Practice, ist das studentische Lernen auch zeitlich situiert. Vor dem Hintergrund der Annahme lebenslanger Lernprozesse (vgl. das vorangehende Kapitel) bildet das Studium einen Abschnitt in einer Reihe von Bildungsphasen. Es kann ebenso wenig losgelöst von den davorstehenden Phasen (primärer und sekundärer Bildung) wie von den parallel ablaufenden Phasen (Abschluss der Adoleszenz) oder auch den nachfolgenden Bildungsphasen (berufliche Weiterbildung) interpretiert werden (vgl. Baumgartner 2009, S. 510).

Zugleich lässt sich das Studium selbst in einzelne Phasen untergliedern. Ein entsprechendes Modell wurde aus der Perspektive der Verwaltung von Hochschulen entwickelt und wird als „Student Life Cycle" bezeichnet (vgl. HEFCE 2001). Einem Vorschlag Schulmeisters (2007) folgend betrachten wir den studentischen Lebenszyklus aus pädagogischer Perspektive und können so das Studium als Ineinandergreifen verschiedener Phasen innerhalb eines Abschnitts des lebenslangen Lernens darstellen, in denen durch die Studierenden jeweils spezifische Anforderungen zu bewältigen sind, anhand derer sich die Phasen unterscheiden lassen (s. Abb. 2). Dieses Modell umfasst vier Phasen des Studiums: die Studieneingangsphase, eine Phase des Studiums nach Plan, eine Orientierungsphase, in welcher die Schwerpunktsetzung und berufliche Orientierung erfolgen und die Phase des Studienabschlusses und der zugehörigen Prüfungen. Diese zunächst aus der Literatur abgeleitete Abgrenzung der Phasen wurde durch Gespräche mit Studierenden empirisch validiert (vgl. Abschnitt 3.4). In jeder dieser Phasen lassen sich typische Anforderungen bzw. Aufgaben der Praxis an das formale und informelle Lernen identifizieren, denen sich die Lernenden im Sinne eines „gemeinsame Unterfangens" stellen müssen.

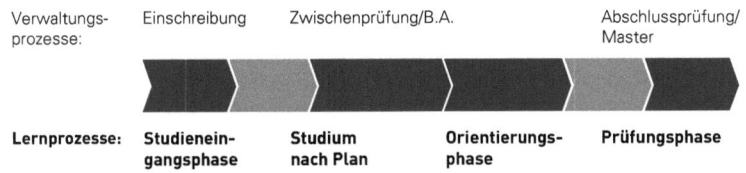

Abbildung 2:   Phasenmodell Lernprozesse im Studium

Lernen ist folglich auf zweifache Weise zeitlich situiert: Einerseits sind verschiedene Lernpraktiken innerhalb einer Phase gebündelt und prägen das Erleben des Lernens in dieser Phase, andererseits bauen Lernpraktiken auf den Ergebnissen zeitlich vorgelagerter Phasen und den dort angesiedelten Praktiken auf, so dass sich der Eindruck einer Abfolge von Stufen ergibt. Der folgende Abschnitt erläutert, wie das Phasenmodell durch Interviews mit Studierenden um zugehörige Aufgaben und unterstützende Werkzeuge zu einem Modell informellen Lernens im Studium erweitert wurde.

3.4 Informelles Lernen im Studium entlang der Phasen des Student Life Cycle

Welche Anforderungen stellen sich den Studierenden in den o.g. Phasen eines Studiums? Welche Lernprozesse vollziehen die Studierenden und welchen Unterstützungsbedarf seitens der Hochschule sehen die Studierenden selbst? Welche Rolle spielt Social Software dabei und wie bewerten die Studierenden ein entsprechendes Engagement der Hochschule für den Einsatz von Social Software?

Auf der Grundlage des oben vorgestellten theoretischen Modells für die unterschiedlichen Phasen informeller Lernprozesse im Studium wurden diese Fragen im Rahmen von fünf Fokusgruppeninterviews mit insgesamt 34 Studierenden diskutiert, um das theoretische Modell empirisch zu fundieren.[1] Auch wenn die Ergebnisse aufgrund der qualitativen Methodik nicht als repräsentativ betrachtet werden können, geben sie dennoch wertvolle Einblicke in die soziale und zeitliche Situiertheit des Studiums und die Rolle von Social Software bei der Unterstützung der Lernprozesse. Im Folgenden werden zunächst die Ergebnisse für die Frage nach den Anforderungen in den Studienphasen dargestellt. Des Weiteren werden auch die Beurteilungen von Persönlichen Lernumgebungen durch die Studierenden und die Bewertung von hochschulseitigen Unterstützungsmaßnahmen zusammengefasst. Dabei sind alle im folgenden angeführten Zitate wörtliche (ggf. anonymisierte) Aussagen der Teilnehmenden an den Fokusgruppen.

---

1   Die Fokusgruppen wurden aufbauend auf Ergebnissen eines Pretests an der TU Dresden im April 2010 an den Hochschulen Zittau/Görlitz, Hochschule für Telekommunikation Leipzig, Technische Universität Chemnitz, Technische Universität Dresden und Universität Leipzig durchgeführt. Sie umfassten zwischen drei und zehn männliche und weibliche Teilnehmende unterschiedlicher Fachrichtungen und hatten jeweils eine der im Phasenmodell aufgeführten Studiumsphasen zum Diskussionsgegenstand (vgl. zur Methode allgemein Dürrnberger/Behringer 1999). Nach einer Einführung ins Thema wurde im ersten Teil gezielt nach Anforderungen in der jeweiligen Studiumsphase und genutzten Social-Software-Angeboten gefragt. Der zweite Teil des Interviews diente der Erhebung der Erwartungen von Studierenden an eine Persönliche Lernumgebung. Hierfür wurden PLE-Startseiten als Beispiele mithilfe eines Beamers an ein Whiteboard geworfen. Die Studierenden waren nun aufgefordert, die Einrichtung ihrer PLE am Whiteboard vorzunehmen und zu erklären, welche Angebote in welcher Form und warum aufgenommen werden sollten. Anschließend wurden die Studierenden zu ihrem Standpunkt zu einer von der Hochschule eingerichteten PLE befragt. Die Interviews wurden aufgezeichnet und mithilfe eines Beobachtungsbogens qualitativ ausgewertet.

3.4.1 Studieneingangsphase

In der Studieneingangsphase sind fachliche Orientierung bzw. die Organisation des Studiums und das Kennenlernen von Kommilitonen zentrale Anforderungen an die Studierenden. Der Studienverlauf wird durch das Zusammenstellen einzelner Lehrveranstaltungen nach Vorgabe der Studienordnung geplant. Insbesondere in Studiengängen, in denen der exakte Studienverlauf im Grundstudium nicht im Detail vorgegeben ist, fühlen sich Studierende dabei häufig auf sich allein gestellt und zum Teil überfordert: „Am Anfang weiß man überhaupt nicht, wo's lang geht, man hat irgendwie nichts in der Hand (...) ich stand in meinem Studium drin und dachte: wie soll'n das werden."

Der wahrgenommenen Isolation wird mit dem Knüpfen von Kontakten begegnet. Diese Kontakte dienen dem Informationsaustausch und der Unterstützung bei der Bewältigung von vorrangig studienbezogenen Anforderungen. Dabei wird das gemeinsame Unterfangen, das Studium erfolgreich abzuschließen, als geteilte Problemlage erlebt: „Man weiß ganz genau, die anderen Leute haben genau das gleiche Problem." Die Entstehung einer Community of Practice bzw., aus der Sicht des Einzelnen, die Integration in eine solche Praxisgemeinschaft wird hierdurch begünstigt. Im Ergebnis kommt es zu einer vermehrten gegenseitigen Unterstützung rund um das Studium, was ebenso wie das aufeinander bezogene Handeln für die Entstehung von und die Integration in studentische Communities of Practice ein Rolle spielt. Als gemeinsames Repertoire, d.h. als Kommunikations- und Kooperationsstruktur, fungieren hier neben regelmäßigen face-to-face-Kontakten in Lehrveranstaltungen vor allem Social Networking Sites wie Facebook oder StudiVZ. Über diese Kommunkationswege erfolgen Austausch und Vernetzung mit Kommilitonen. Auch die oben bereits angesprochenen Foren der Fachschaften werden hier mehrfach erwähnt. Für Fragen an die Dozenten und andere Studierende werden außerdem seminarbezogene Foren innerhalb der jeweiligen Lernmanagementsysteme (LMS) genutzt.

3.4.2 Studium „nach Plan"

Im Studium „nach Plan", dem Bachelor- oder auch Grundstudium, stehen die inhaltliche Einarbeitung in das und die Identifikation mit dem Studienfach im Mittelpunkt. Die Studierenden bringen ihr Studium entsprechend dem Studienplan voran. Sie besuchen Lehrveranstaltungen, arbeiten individuell oder in Gruppen zunehmend selbstständig und schreiben Klausuren. Mit den Worten eines Teilnehmers geht es um einen „Einstieg in die Dinge, die ich machen muss, um in meinem Studium zu bestehen und mein Ziel zu verfolgen." Bei näherer Betrachtung handelt es sich demnach auch um das Vertrautwerden mit den akademischen Arbeitsformen und nicht nur mit den fachspezifischen Inhalten.

Diese Studienphase ist auch gekennzeichnet von Studienabbrüchen oder Fachwechseln. Dies geschieht immer dann, wenn eine Identifikation nicht herge-stellt werden konnte: „Manche merken, das ist nichts für mich, und gehen wie-der." Da Grund- und Bachelorstudium in der Regel für alle Studierenden ähn-lich ablaufen, kann sich in dieser Phase die inzwischen etablierte Community of Practice der Organisation und Bewältigung einer gemeinsamen Praxis widmen. Die Kommunikationsstrukturen zur Unterstützung und Koordination des gemein-samen Lernens „nach Stundenplan" umfassen Anwendungen wie geteilte Online-kalender, Tools zur Terminorganisation (bspw. Doodle) und Chat-Werkzeuge wie Skype oder ICQ.

3.4.3   Orientierungsphase

Am Ende des Grundstudiums werden zunehmend selbstständiges Arbeiten und selbstständige Organisation des Studiums notwendig, da sich die Gruppe von Kommilitonen infolge von Studienabbrüchen, der Wahl unterschiedlicher Spezialisierungen, zeitlicher Entkopplung nach misslungenen Prüfungen und anderen intervenierenden Ereignissen immer mehr auflöst. Das Gewinnen von Selbstständigkeit ist mit Beginn des Haupt- oder Masterstudiums die zentrale Herausforderung: „Im Grundstudium hat man den schönen Plan, da ist man noch nicht so selbstständig. […] Man wird allmählich zur Selbstständigkeit hin gezwungen."

Eine weitere Anforderung in dieser Phase ist die Planung des Einstiegs in die Berufswelt. Hierzu gehören die Konkretisierung des Berufswunsches, die Planung von Praktika und das Knüpfen neuer, berufsrelevanter Kontakte. Die Relevanz der studentischen Community of Practice nimmt dabei für den Einzelnen ab, bedingt durch unterschiedliche Interessenfokussierung in Form der Vertiefungsfächer und die Auflösung der Jahrgangsgrenzen. Es bestehen zwar weiterhin Kontakte, die in den ersten Semestern geknüpft wurden, jedoch wer-den diese vor allem freundschaftlich gepflegt. Für die Bewältigung des Studiums kommt diesen Kontakten immer weniger Bedeutung zu. Zur gleichen Zeit nimmt die Orientierung hin zu den Communities of Practice im anvisierten Berufsfeld zu.

Die Landschaft der für Kommunikation und Kooperation genutzten Anwen-dungen ändert sich in dieser Orientierungsphase nicht wesentlich. Neu dazu kommen jedoch Tools für die selbstständige Verwaltung von Lesezeichen und Literatur, wie etwa Delicious oder Zotero, die von manchen Studierenden die-ser Phase genannt wurden. Angesichts der Spezialisierung scheint außerdem das Bedürfnis nach einer Vernetzung mit anderen Spezialisten groß zu sein. Ein weiteres Bedürfnis nach technischer Unterstützung wird wie folgt beschrieben: „Man bräuchte irgendwas, wo man Gruppen bilden kann. Ich hab das Gefühl, das funktioniert bei uns gar nicht mehr, weil es so viele Sachen gibt, was die anderen immer anders machen, wie Praktikum oder Arbeiten, und dadurch ist man dann sehr viel auf sich allein gestellt, (...) also ich hätt' jetzt auch keine Probleme, zum Beispiel für die Prüfung mit jemand Fremdes zu lernen, der auch mein Fach hat (...)."

3.4.4 Abschluss- und Prüfungsphase

Die Orientierungsphase geht beinahe nahtlos in die Phase von Studienabschluss und Prüfung über. Hier gilt es, in Form von Belegen und anderen Textformen eine umfassende Arbeit erstmals selbstständig zu verfassen: „Ganz zum Schluss steht der große Beleg [eine Studienarbeit, die in manchen Fächern vor der Diplom- bzw. Masterarbeit zu schreiben ist – Anm. d. Verf.] an, als Vorläufer der Diplomarbeit, und die Diplomarbeit selbst. Das heißt, man steht völlig allein da, also bei seinen Mitstudenten braucht man eigentlich nicht jemanden suchen, der einem da helfen kann."

Gleichzeitig verstärkt sich die Orientierung auf die Berufswelt. In diesem Zusammenhang kommt dem Networking eine wichtige Rolle zu. In Einzelfällen wird die Landschaft der genutzten Tools um berufliche Vernetzungsplattformen „zur Selbstdarstellung" (wie z.B. Xing) erweitert. Deutlich wird, dass für den Einzelnen gegen Ende des Studiums zunehmend der Übergang in eine neue Phase und damit andere, berufsbezogene Communities of Practice bedeutsam wird, während die gemeinsame Praxis der Studierenden weiter an Umfang und Bedeutung abnimmt.

Das folgende Phasenmodell informellen Lernens im Studium (Abb. 3) verdeutlicht, wie sich die genannten Ergebnisse in das theoretische Modell des Studienverlaufs einfügen und dieses empirisch fundieren.

Verwaltungs-prozesse:	Einschreibung	Zwischenprüfung/B.A.		Abschlussprüfung/ Master
Lernprozesse:	**Studienein-gangsphase**	**Studium nach Plan**	**Orientierungs-phase**	**Prüfungsphase**
Aufgaben (Bsp.):	Studiumsorgani-sation, Kontakte zu Kommilitonen etablieren	Einarbeitung und Identifikation, gemeinsam Lernen in Lehr-veranstaltungen, Gruppenarbeit	zunehmend selbst-ständige Organisa-tion, Zusatzqualifi-kationen sammeln, Schwerpunkte im Fachgebiet kennen-lernen	Verfassen der Abschlussarbeit: Eigenständiges wissenschaftliches Arbeiten, zunehmen-de Orientierung auf die Berufswelt
Unterstützung durch (Bsp.):	Social Networks (Facebook, StudiVZ)	Organisationstools (Online-Kalender, Doodle), Kommunikations-tools (ICQ, Skype)	Organisations- und Kommunikations-tools, Tools zur Lesezeichen- und Literaturverwaltung (delicious, zotero)	Bedeutungsgewinn professionellen Social Networkings (z.B. Xing)

Abbildung 3: Phasenmodell informellen Lernens im Studium

3.5 Potenziale Persönlicher Lernumgebungen (PLEs) aus Sicht der Studierenden

Neben den Fragen nach den Anforderungen, Lernprozessen und Nutzung von Social Software in den unterschiedlichen Phasen des Studiums wurden die Studierenden auch dazu befragt, was sie von der Idee einer Persönlichen Lernumgebung (PLE) halten und ob sie sich vorstellen könnten, eine solche einzurichten, resp. wie diese gestaltet sein müsste.

Im Ergebnis sind die Teilnehmer der Fokusgruppen hier unterschiedlicher Meinung. Studierende der ersten beiden Phasen sehen einen Vorteil von PLEs insbesondere darin, auf alle notwendigen Werkzeuge und Informationen gebündelt zugreifen zu können: „Ich hätte so die Hoffnung, wichtige Informationen nicht zu verpassen." Zudem ergebe sich hieraus eine Zeitersparnis („ich verbrauch immer viel Zeit daheim, wirklich jedes abzugrasen") und eine erleichterte Orientierung („gut, wenn man alles auf einem Bildschirm hat").

Studierende der höheren Semester, d.h. der letzten beiden Phasen, sehen die Einrichtung einer PLE eher kritisch. Sie befürchten eine Neustrukturierung ihrer bisher verwendeten Werkzeuge und Materialien. Neben datenschutzrechtlichen Bedenken werden von Studierenden aller Studienphasen Befürchtungen geäußert, durch die potenziell große Menge an Informationen und Werkzeugen überfordert und abgelenkt zu sein: „Selbst bei drei, vier Sachen wäre ich schon überfordert ... ich bin da lieber bei einer Sache dabei ... also zwei Sachen reichen mir" – „Ich würde bei StudiVZ wahrscheinlich ständig schauen und das würde mich nur ablenken und deshalb würde ich es wahrscheinlich aus Disziplin nicht machen wollen." Darüber hinaus scheint die Trennung von Arbeits- und Privatleben bzw. Studium und Alltag vielen Studierenden wichtig zu sein, wobei auch angemerkt wird, dass diese Trennung vielleicht zukünftig gar nicht mehr aufrechtzuerhalten ist bzw. dass es Berufe gibt, in denen diese Trennung bereits heute nicht mehr möglich ist.

Auf den Vorschlag, die Hochschule könnte für Studierende eine eigene PLE-Plattform anbieten, reagieren die Studierenden eher ablehnend: „Wenn es schon tausend Sachen gibt, warum will die Hochschule etwas Eigenes machen?" Es wird unter anderem die Befürchtung geäußert, dass eine Weiternutzung nach dem Studium nicht mehr möglich sei. Alternativ wird vorgeschlagen, dass hochschulseitig Schnittstellen zu allen wichtigen Informationsquellen und Diensten bereitgestellt werden, um Informationen in bereits bestehende perso-nalisierte Startseiten integrieren zu können. Allerdings begrüßen Studierende der Studieneingangsphase den Vorschlag einer hochschuleigenen PLE. Von einer Bündelung der Informationen erhoffen sie sich insbesondere mehr Unterstützung zu Studienbeginn: „Wenn es die Hochschule anbietet, ist es einheitlich, alle haben die gleichen Informationen."

3.6 Schlussfolgerungen: Unterstützung studentischer Lernprozesse mit Social Software durch die Hochschule

Die Beschreibung des Studiums anhand der dargestellten Phasen und die Identifizierung der in den einzelnen Phasen durch die Studierenden wahrgenom-menen Anforderungen können dabei helfen, die Bedürfnisse der Studierenden hinsichtlich der Unterstützung ihrer Lernprozesse mit Social Software besser zu verstehen. Es wird deutlich, dass sich die Studierenden für die Bewältigung ihres Studiums ein soziales Netz aufbauen, welches an die veränderten Bedingungen angepasst ist und das sie für Kommunikation, Recherche und Organisation unter-schiedliche Web-2.0-Angebote nutzen. Die empirischen Ergebnisse bestätigen dabei weitgehend die Aussagen der Fachliteratur: Für den Einsatz von Social Software durch Hochschulen eignet sich das informelle Lernen am Besten.

Eine ganzheitliche Perspektive auf das Studium macht auch ein phasen-übergreifendes Bedürfnis nach Information bzw. regelmäßigem Erfahrungs-austausch über nützliche Anwendungen zur Unterstützung des individuel-len Informationsmanagements deutlich – nach Möglichkeit zu einem frühen Zeitpunkt im Studium. Der Einrichtung einer PLE stehen die Studierenden durchaus aufgeschlossen gegenüber, greifen dabei aber lieber auf externe Angebote zurück als auf Angebote der Hochschule. Die Rolle der Hochschule ist dabei auf die Lieferung entsprechender Informationen und Ressourcen beschränkt, nicht aber auf deren Organisation durch eine softwaregestützte Lernumgebung. Deutlich wird allerdings, dass gerade bei der Auswahl geeigneter Anwendungen für eine PLE und in Studienphasen mit neuartigen Anforderungen ein Bedarf an Unterstützung entsteht. Dieser Bedarf ergibt sich sowohl auf Ebene der Gemeinschaft als auch für den einzelnen Studierenden bei der individuellen Organisation seiner Informations- und Kommunikationsumgebung.

4. Beispiele guter Praxis

Die Analyse der Rahmenbedingungen, der Potenziale und der möglichen Probleme der Nutzung von Social Software im Bereich des informellen Lernens sowie der Anforderungen, denen sich Studierende im Laufe ihres Studiums stellen müssen, erlaubt eine theoretische und auch in der internationalen E-Learning-Literatur fundierte Beurteilung der Frage, was Hochschulen tun können, um das informelle Lernen ihrer Studierenden mithilfe von Social Software zu unterstützen. Wie die bisherige Diskussion gezeigt hat, ist die praktische Realisierung der dort propagierten Potenziale jedoch nicht immer einfach. Um die Anwendbarkeit der theoriebasierten Überlegungen zu erleichtern und deren Umsetzbarkeit zu befördern, zeigen die folgenden 14 Beispiele guter Praxis, wie Hochschulen in Deutschland und im Ausland Social Software im Bereich informellen Lernens bereits erfolgreich einsetzen und welche Faktoren und Rahmenbedingungen dabei relevant sind.

Die Untersuchung der Good-Practice-Beispiele bildet neben den in den vorigen Abschnitten dokumentierten Untersuchungen einen zweiten empirischen Schwerpunkt im Projekt „Learner Communities of Practice". In einem dreistufigen Verfahren (s. Abschnitt 4.1) wurden dafür zunächst nationale und internationale Beispiele für Hochschulaktivitäten zur Unterstützung der Studierenden mit Social Software gesucht, besonders gelungene Beispiele ausgewählt und anschließend zu diesen Beispielen Daten erhoben, um sie in Form kurzer Steckbriefe vorstellen zu können. Diese Fallbeschreibungen (Abschnitte 4.2 und 4.3) sollen zum einen den interessierten Lesenden Anregungen und Erfahrungswerte für die eigene Auseinandersetzung mit der Frage der Gestaltung entsprechender Angebote bieten, zum anderen dienen sie für den vorliegenden Band gemeinsam mit den bereits vorgestellten empirischen Erhebungen als Grundlage für die Entwicklung der Handlungsempfehlungen für Hochschulen (s. Abschnitt 5).

4.1 Auswahlprozess

Die Auswahl der Good-Practice-Beispiele für den Einsatz von Social Software erfolgte im Sommer 2010 auf Grundlage einer Erhebung verschiedener Social-Software-Initiativen. Sie stellt insofern den Stand zum damaligen Zeitpunkt dar, aktuelle Ergänzungen wurden, soweit möglich, nachgetragen. Für die Auswahl wurde zunächst (Schritt 1) Literatur zum Einsatz von Web 2.0 im Hochschulkontext ausgewertet. Darüber hinaus erfolgte eine Online-Recherche in einschlägigen E-Learning-Blogs und auf den E-Learning-Webseiten verschiedener Hochschulen. Im Mittelpunkt stand dabei weniger die vollständige

Erhebung aller universitärer Social-Software-Initiativen in Deutschland, sondern vielmehr das Erfassen besonders gelungener Beispiele. Es zeichnete sich ab, dass einerseits die Situation in Deutschland aufgrund der Rahmenbedingungen des Hochschulsystems so speziell ist, dass vor allem Beispiele aus Deutschland vielversprechend für die Ableitung entsprechender Empfehlungen sein würden. Auf der anderen Seite war die Zahl und Vielfalt von Angeboten an deutschen Hochschulen zum Erhebungszeitpunkt eher spärlich ausgeprägt, so dass es ratsam schien, ergänzend internationale Angebote einzubeziehen.

Die Literatur- und Onlinerecherche auf *nationaler Ebene* ergab zunächst etwa 40 Initiativen an verschiedenen deutschen Hochschulen, die den folgenden Kriterien genügten:

a) Social Software wird im Bereich informellen Lernens eingesetzt (zu Beispielen guter Praxis in den Bereichen Lehre, Forschung und Administration s. HRK 2010).

b) Entsprechende Angebote werden von einer Hochschule betrieben bzw. unterstützt.

c) Die Betreibenden stellen ihr Angebot als erfolgreich dar.

Die erhobenen Praxisbeispiele wurden anschließend in Auseinandersetzung mit der Literatur zum Thema E-Learning 2.0 (z.B. Bernhardt/Kirchner 2007) kategorisiert nach der Art der eingesetzten Social Software. Dabei wurden folgende fünf Kategorien gebildet:

- Einrichtung universitärer Blogsysteme
- Entwicklung universitärer Social Networks
- Angebot von E-Portfolios für Studierende
- Einrichtung eines personalisierten Studierendenportals
- Angebot Persönlicher Lernumgebungen (PLEs)

Anschließend (Schritt 2) wurde aus jeder der fünf Kategorien ein Good-Practice-Beispiel zur näheren Untersuchung in einer Fallstudie ausgewählt. Dabei stand die Frage im Vordergrund, inwieweit diese spezielle Social-Software-Initiative das informelle Lernen der Studierenden unterstützt und inwiefern die Initiative als erfolgreich angesehen werden kann in der Erreichung ihrer jeweiligen Zielgruppe und in der Erreichung ihrer jeweiligen selbst gesetzten Ziele. Im Ergebnis wurden folgende Initiativen für die Ausarbeitung zu einer Fallstudie ausgewählt:

- „MyPaed – Die persönliche Studienumgebung" an der TU Darmstadt (Persönliche Lernumgebungen)
- „KISD-Spaces" der Köln International School of Design (Blogsysteme)
- „CollabUni" der Universität Hildesheim (Social Networks)
- „e^3 – Portfolio-Plattform Problemlösungskompetenz" der Universität Augsburg (E-Portfolios)

- „TUgether" der TU Braunschweig (Personalisierte Studierendenportale)
- „Open Distributed Campus" der FU Berlin (als interessante Variante eines personalisierten Studierendenportals).

Zu jeder dieser Initiativen wurden (Schritt 3) durch einen Kurzfragebogen und telefonische Interviews von den jeweiligen Verantwortlichen nähere Informationen eingeholt. Diese bezogen sich zum einen (bei den Kurzfragebögen) auf die eingesetzte Technologie, die Laufzeit der Initiative, die Zielgruppe und, soweit verfügbar, Daten zur Nutzung des Angebots. Zum anderen ging es (in den Interviews) um folgende sechs Themenbereiche:

- Art und Umfang der Nutzung: Wie wird die Initiative von den Studierenden angenommen und wie nutzen diese sie?
- Übergangsmöglichkeiten nach dem Studium: Welche Schnittstellen zu anderer (freier) Social Software gibt es? Können die Studierenden ihre Inhalte, Accounts usw. nach Ende des Studiums mitnehmen?
- Kooperationen und ähnliche Projekte: Mit welchen Hochschulen wurde zusammengearbeitet? Gibt es ggf. Vorbilder oder weitere Beispiele, insbesondere aus dem Ausland?
- Perspektiven: Wie beurteilen die Interviewpartner die Zukunftsaussichten ihrer Initiative (z.B. weitere Betreuung, Weiterentwicklungen, Finanzierung)?
- Tipps: Welche Tipps können zur Implementierung einer Social-Software-Initiative gegeben werden? Was sollte man machen, was unterlassen?

Die Interviews dauerten jeweils zwischen 45 und 60 Minuten und wurden elektronisch aufgezeichnet. Anschließend erfolgte die Auswertung entlang der Frage, welche Formen informellen Lernens die jeweilige Initiative besonders gut unterstützt.

Als Ausgangspunkt für die Recherche auf *internationaler Ebene* dienten die Ergebnisse verschiedener Forschungsprojekte des Joint Information Systems Commitee (JISC, Großbritannien) und von EDUCAUSE (USA). Auch für die Einordnung der auf diese Weise identifizierten Angebote wurden die oben angeführten Kategorien der Art der eingesetzten Technologie genutzt, nachdem sich feststellen ließ, dass das international genutzte Repertoire sich nicht grundsätzlich von dem in Deutschland genutzten unterscheidet.

Maßgeblich für die Auswahl der internationalen Fallbeispiele war weder ein Anspruch auf repräsentative Erfassung der Bandbreite an Angeboten, noch das bei den deutschen Beispielen genutzte Kriterium des Erfolgs der Angebote, das sich für die internationalen Angebote nicht erheben ließ. Insofern bildeten die anderen genannten Auswahlkriterien die Grundlage für eine Aufnahme in die Good-Practice-Beispiele, außerdem das Bestreben, das Spektrum der Möglichkeiten der Nutzung von Social Software zur Unterstützung informellen Lernens aufzuzeigen und Anhaltspunkte für die Entwicklung eigener Konzepte zu bieten. Entsprechend wurden zu jeder Kategorie zwei Beispiele ausgewählt, nicht zuletzt deshalb, weil, wie erwähnt, die Zahl der Beispiele deutlich größer war als im deutschen Raum. Die Beschreibung erfolgte im Fall der internationalen Beispiele nicht durch eigene empirische Erhebungen, sondern auf Basis der Darstellungen in der Literatur und durch ergänzende Onlinerecherchen.

4.2 Beispiele guter Praxis in Deutschland

4.2.1 Persönliche Lernumgebung mit institutionellem Anschluss: MyPaed

Homepage:	http://www.mypaed.tu-darmstadt.de/community_ extern
Institution:	Institut für Allgemeine Pädagogik und Berufspädagogik TU Darmstadt
Art der Social Software:	PLE
Zielgruppe:	Studierende der Pädagogik (MA, M.A., BA, Lehramt)
Betreiber:	Studierende des Instituts für Allgemeine Pädagogik und Berufspädagogik
Inbetriebnahme:	Herbst 2008, Regelbetrieb WS 09/10
Technologie/ techn. Standards:	Drupal; Single Sign-on über TU-ID basierend auf CAS, RSS-Feeds, iCal, Wiki-Creole
Finanzierung:	Zweckgebundene Mittel vom Land Hessen zur Verbesserung der Qualität von Studium und Lehre (QSL)

My Paed bietet den Studierenden eine persönliche Startseite, über die sie Zugang zu allen wichtigen Informationen und Online-Angeboten des Instituts für Pädagogik erhalten. Diese können sie zudem als RSS-Feeds einbinden. Zur Unterstützung kollaborativer Lernprozesse wurden verschiedene Community-Funktionen entwickelt und in die Plattform eingebunden. Diese ermöglichen es den Studierenden, sich untereinander auszutauschen (z.B. über Kurznachrichten oder Microblogging) und zu vernetzen, gemeinsam Lern- oder Arbeitsgruppen zu bilden und sich auf alternative Art und Weise mit den Lerninhalten auseinanderzusetzen, etwa in Form eines kleinen Quiz oder durch Umfragen. Um die Mediennutzung durch die Studierenden auch außerhalb der Plattform zu fördern, werden im MyPaed-Wiki (www.mypaed.tu-darmstadt.de/wiki) verschiedene Social-Software-Tools vorgestellt, Nutzungshinweise gegeben und Anwendungsszenarien vorgeschlagen.

Warum stellt MyPaed ein Beispiel guter Praxis der Unterstützung informellen Lernens dar?

Durch die Bereitstellung der persönlichen Startseite mit Zugang zu sowohl universitätsinternen als auch -externen Informationen und Ressourcen hat jeder Nutzer die Möglichkeit, sich seine Persönliche Lernumgebung einzurichten. Dies wurde auch bei der Verleihung des Preises der Deutschen Initiative für Netzwerkinformation e.v. (DINI) im Wettbewerb „Lebendige Lernorte" 2009 und des Deutschen E-Learning Innovations- und Nachwuchs-Award (D-ELINA) 2010 an MyPaed als besonderes Qualitätsmerkmal hervorgehoben (Gutheil 2010). Gleichzeitig dient MyPaed den Studierenden der Pädagogik zum Aufbau einer Community of Practice mit einer Vielzahl an Community-Funktionen, ebenso als „Übungsraum" zur Verbesserung ihrer Kompetenzen bei der Nutzung von Web-2.0-Tools.

Rahmenbedingungen, Entwicklung und Umsetzung

Die Projektentwicklung erfolgte als Studierendeninitiative zunächst losgelöst von institutionellen Strukturen und ohne finanzielle Unterstützung der Hochschule. Impulsgebend für die Konzeptentwicklung war dabei die Bewerbung zum Wettbewerb „Lebendige Lernorte" der DINI im Jahr 2009. Das Institut für Pädagogik wurde erst zu einem späteren Zeitpunkt der Entwicklung aufgrund des wachsenden Projektumfangs und des damit zunehmenden Bedarfs an finanziellen Mitteln eingebunden.

Die institutionelle Unabhängigkeit bei der Projektumsetzung erforderte einen sehr hohen Aufwand an Kommunikation, um die Sinnhaftigkeit und Relevanz des Projektes zu vermitteln. Insbesondere die Anerkennung durch die Institutsmitglieder erschien als wesentlich für die dauerhafte Verankerung des Projektes. Hinsichtlich der Zusammenarbeit mit der Hochschule stellte sich vor allem das Fehlen von Ansprechpartnern in Fragen der Finanzierung und der rechtlichen Rahmenbedingungen als hinderlich heraus. Bereits zu einem frühen Zeitpunkt wurde die Einbindung eines Single Sign-on in das auf Drupal basierende Studierendenportal bedacht und Kontakt zum lokalen Rechenzentrum der TU Darmstadt aufgenommen. Die Umsetzung erfolgte problemlos. Auch nach der Öffnung des Portals im WS 2009/2010 wird MyPaed kontinuierlich weiterentwickelt. Die technische Umsetzung ebenso wie die Einbindung des universitätsweiten LMS Moodle und die Möglichkeit der Einbindung externer Feeds sind jedoch oft abhängig von der (Weiter-)Entwicklung der externen Dienste wie etwa Drupal oder Moodle.

Herausforderung bei der Sicherstellung der Dauerhaftigkeit des Projektes ist zum einen die Finanzierung. So wird MyPaed aus Studiengebühren, so genannten „Mitteln zur Verbesserung der Qualität von Studium und Lehre" (QSL), finanziert. Diese Mittel müssen jedes Semester neu beantragt werden. Zum anderen ist auch die weitere Betreuung der Plattform sicherzustellen, da MyPaed als Studierendeninitiative nicht von einer zentralen Einrichtung der Hochschule betreut wird und somit abhängig davon ist, inwiefern sich neue Mitglieder an der Projektgruppe und der Weiterentwicklung von MyPaed beteiligen.[1]

Nutzungserfahrungen

Mit dem Gewinn des D-ELINA 2010 ist die Zahl der Neuanmeldungen stark gestiegen. Dabei ist es schwierig, zwischen Mitgliedern der Zielgruppe und externen Nutzern zu unterscheiden. Bei der Nutzung des Studierendenportals durch die Pädagogik-Studierenden zeichnen sich seit der Öffnung zum WS 2009/2010 vier verschiedene Nutzungsszenarien ab: 1. Gründung eigener Projekte, z.T. mit Anknüpfungspunkten zu Lehrveranstaltungen, 2. Einstellen von Ergebnissen aus Lehrveranstaltungen, 3. Erstellen von Blogs für Veranstaltungen oder 4. Nutzung der Microblogging-Funktion. Insgesamt wird die Nutzergruppe aber als eher passiv und konsumierend eingeschätzt. Die Resonanz der Studierenden war bisher überwiegend positiv, allerdings werden die steigende Komplexität des Portals und die zunehmende Zahl an Funktionen eher kritisch betrachtet. Eine Ausweitung der Plattform auf andere Zielgruppen an der TU Darmstadt ist vorerst nicht geplant, da die Anforderungen, die sich den Studierenden in den verschiedenen Studiengängen stellen, als zu unterschiedlich eingeschätzt werden.

Weiterführende Hinweise

Publikationen zu MyPaed:

- Fetzer, R.; Herbst, A.; Höhl, J.; Polkehn, K. (2009): MyPaed: Meine persönliche Studienumgebung. In: Bibliothek. Forschung und Praxis, 33, 3/2009, S. 282-295.

- Herbst, A.; Höhl, J. (2010): MyPaed: Kompetenzentwicklung und Lernchancen in studentischen Bildungsinitiativen. In: Sporer, Th.; Hofhues, S. und Dürnberger, H. (Hrsg.): Offene Bildungsinitiativen: Fallbeispiele, Erfahrungen und Zukunftsszenarien, Münster u.a.: Waxmann.

Laudatio zur Preisverleihung des DINI-Wettbewerbs „Lebendige Lernorte" 2009:
http::/www.dini.de/fileadmin/wettbewerb/lebendige-lernorte/dini_laudatio_sie ger.pdf

---

1   Im Jahr 2014 wurde MyPaed nach fünf Jahren Regelbetrieb eingestellt.

4.2.2 Personalisiertes Studierendenportal mit Vorkonfiguration: TUgether

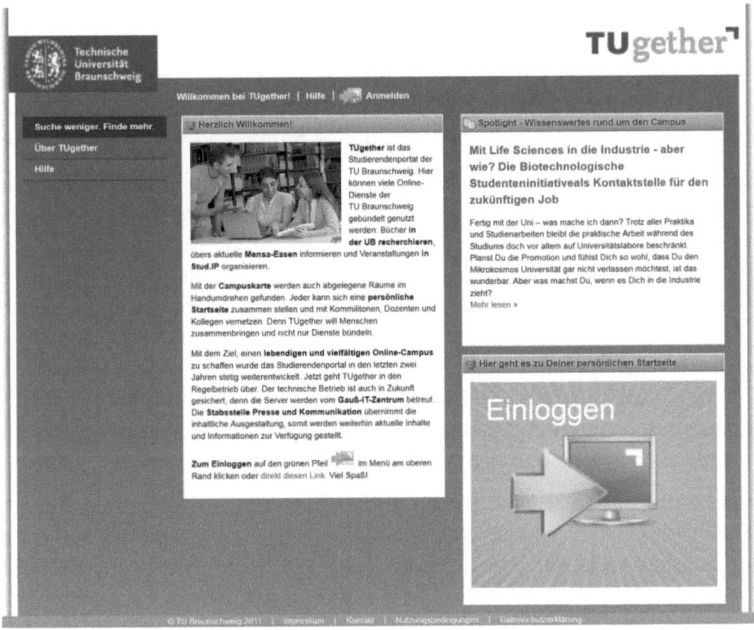

Abbildung 4: Screenshot der Startseite von TUgether an der TU Braunschweig

Homepage:	https://tugether.tu-braunschweig.de/
Institution:	TU Braunschweig
Art der Social Software:	Personalisiertes Studierendenportal
Zielgruppe:	Studierende der TU Braunschweig
Betreiber:	Institut für Wirtschaftsinformatik, Abteilung für Informationsmanagement; zum SoSe 2011 Übergabe an das Rechenzentrum der TU Braunschweig (Gauß IT-Zentrum)
Inbetriebnahme:	2007, Beginn Regelbetrieb: 11.01.2010
Technologie/ techn. Standards:	Liferay; JSR 168, JSR 286, Webservices/SOAP, Single Sign-on und weitere
Finanzierung:	Mischfinanzierung: Institut der Wirtschaftsinformatik, Studiengebühren, Mittel der Hochschule

Das Studierendenportal TUgether bietet den Studierenden über eine vorkonfigurierte Startseite Informationen über die TU Braunschweig (z.B. Campus-Karte, RSS-Feed der Hochschulhomepage, Mensaplan) und Zugang zu den Web-Angeboten der Hochschule (E-Mail-Account und Bibliothekskonto). Darüber hinaus können die Studierenden über sogenannte Portlets externe RSS-Feeds, Webseiten und Social-Software-Anwendungen einbinden und so themenbezogen eigene Seiten mit Inhalten füllen. Über eine Community-Funktion besteht die Möglichkeit, sich mit anderen Nutzern des Studierendenportals zu vernetzen.

Warum stellt TUgether ein Beispiel guter Praxis in der Unterstützung informellen Lernens dar?

TUgether unterstützt die Studierenden bei der Organisation ihres Studiums, indem es über eine vorkonfigurierte Startseite Informationen zu Hochschule und Studium gebündelt zur Verfügung stellt. Darüber hinaus bietet es Schnittstellen nach außen durch die Möglichkeit, externe RSS-Feeds und Webdienste einzubinden. So können sich die Studierenden individuell die für sie relevanten hochschulinternen und -externen Informationen zu Studium und lebensweltlichem Alltag zusammenstellen und sich über Community-Funktionen und Chat miteinander vernetzen und austauschen.

Rahmenbedingungen, Entwicklung und Umsetzung

Die Entwicklung des Studierendenportals erfolgte von Anfang an in enger Zusammenarbeit mit der Hochschulleitung. Nachdem die bestehenden Web-Angebote der TU Braunschweig durch ein Projektteam, bestehend aus Mitarbeitern der Pressestelle und dem International Office, evaluiert und im Ergebnis als unzureichend bewertet wurden, erfolgte durch das Projektteam ein Vorschlag zur Neugestaltung des Web-Bereichs für Studierende. Dieser wurde von der Hochschule genehmigt, mit finanziellen Mitteln ausgestattet und es wurde ein neues Projektteam unter Federführung des Instituts für Wirtschaftsinformatik gebildet, welches mit der Gestaltung des Studierendenportals beauftragt wurde. Dabei erschien es wichtig, die Studierenden als Zielgruppe bereits zu einem frühen Zeitpunkt in die Entwicklung des Portals einzubeziehen, um bei der Umsetzung auf ihre Anregungen, Ideen und Wünsche eingehen zu können. Das aus diesem Grund bereits sehr schnell online gestellte Portal wurde bei laufendem Betrieb kontinuierlich weiterentwickelt und mit Ablauf der Projektlaufzeit von drei Jahren zur Sicherstellung des technischen Dauerbetriebs an das Rechenzentrum übergeben, während die Stabsstelle Presse und Kommunikation die inhaltliche Ausgestaltung übernahm.

Nutzungserfahrungen

Aufgrund der frühzeitigen Öffnung des Portals mit noch wenigen Funktionen kann noch nicht von einer kontinuierlichen Nutzung durch die Studierenden gesprochen werden. Die Nutzergruppe umfasste zum Zeitpunkt der Erhebung (Juli 2010) ca. 10% der Studierendenschaft der TU Braunschweig und wird als relativ web-affin eingeschätzt. Die Einrichtung des Portals wird von Seiten der Studierenden ausnahmslos begrüßt, jedoch werden weitere Funktionen, wie die Einbindung des universitätsweiten LMS, gewünscht. Da es an der TU Braunschweig keinen zentralen E-Mail-Verteiler gibt, ist es darüber hinaus schwierig, die Studierenden über TUgether zu informieren. Aus diesem Grund werden seit Onlinestellung der Plattform im Januar 2010 den Erstsemestern der TU Braunschweig mit ihren Immatrikulationsunterlagen Informationen über das Studierendenportal zugeschickt, verbunden mit der Bitte, sich anzumelden.

Weiterführende Hinweise

Andere Liferay-basierte Studierendenportale unter http://www.liferay.com/de/products/liferay-portal/stories (bei „Case Type" nach „Studentenportal" filtern)

4.2.3 Mehr als ein Blogsystem: KISD Spaces

Abbildung 5: Screenshot der blogbasierten Wissensplattform KISD-Spaces
(Heidkamp & Kaliva 2009)

Homepage:	http://spaces.kisd.de/
Institution:	Köln International School of Design (KISD) der Fachhochschule Köln
Art der Social Software:	Blogsystem
Zielgruppe:	Studierende und Lehrende der KISD
Betreiber:	KISD
Inbetriebnahme:	SS 2008, Regelbetrieb WS 2008/2009

Technologie/ techn. Standards:	Wordpress MU, RSS
Finanzierung:	BMBF Förderinitiative Notebook-University für das Projekt „Blended Studies" an der KISD

Die KISD Spaces präsentieren sich zunächst mit einem Überblick über die Projekte bzw. Seminare, die im laufenden und in vergangenen Semestern angeboten wurden (s. Abb. 4). Die einzelnen Projekt- bzw. Seminar-„Spaces" können von Lehrenden und Studierenden selbstständig erstellt werden, um Projekte oder Seminare betreffende Inhalte zu teilen und zu kommentieren. Jeder Teilnehmer kann selbst entscheiden, ob seine Beiträge öffentlich sind oder nur nach erfolgtem Login auf der Webseite sichtbar werden. Weiterhin besteht für die Studierenden die Möglichkeit, sich über die Student-Spaces einen eigenen privaten Raum zu schaffen, unabhängig von Lehrveranstaltungen. Die Funktion KISD Biblio soll dem gemeinsamen Aufbau einer KISD-eigenen Bibliothek dienen. Zur Generierung eines Eintrags ist es lediglich notwendig, die ISBN-Nummer der Literaturquelle einzugeben. Alle verfügbaren Informationen (Titel, Autor, Erscheinungsjahr etc.) werden dann automatisch von KISD Biblio generiert. Darüber hinaus können alle Nutzer die jeweilige Literatur bewerten und Rezensionen verfassen.

Warum stellen die KISD Spaces ein Beispiel guter Praxis in der Unterstützung informellen Lernens dar?
KISD Spaces ermöglichen den Aufbau einer Wissensplattform, über die sich die Studierenden aktiv an der Wissensgenerierung der Köln International School of Design beteiligen. Die KISD Spaces haben dabei weniger die Funktion eines E-Portfolios für die Studierenden, in dem diese ihre Ergebnisse aus Seminaren und Projekten präsentieren können. Vielmehr sollen die einzelnen Blogs seminar- und projektbegleitend geführt werden, um einerseits während des Semesters den Studierenden die Möglichkeit zu geben, sich über andere Seminare zu informieren. Andererseits erhalten die Studierenden so am Ende des Semesters eine Dokumentation zu abgeschlossenen Seminaren und Projekten. Darüber hinaus soll mithilfe der KISD Spaces eine bessere Betreuung der Studierenden außerhalb des und ergänzend zum Präsenzstudium an der Hochschule erreicht und die Studierenden selbst zu einem strukturierten Austausch untereinander angeregt werden. Durch ihre systematische und kollaborativ angelegte Struktur ermöglichen und begünstigen die KISD Spaces damit über ihren Einsatz im formalen Lernprozess hinaus den Aufbau einer Community of Practice aller Hochschulangehörigen.

Rahmenbedingungen, Entwicklung und Umsetzung
Entwicklung und Umsetzung der KISD Spaces erfolgten innerhalb des Projektes „Blended Studies" durch eine Projektgruppe, bestehend aus sieben Studierenden, einem Professor und einer wissenschaftlichen Mitarbeiterin. Dieses Projekt

wurde im Rahmen der Förderinitiative des Bundesministeriums für Bildung und Forschung (BMBF) „Notebook-University" an der Köln International School of Design initiiert (vgl. Heidkamp/Kaliva 2009, S. 5). Ziel der Entwicklung von KISD Spaces war die Schaffung einer kollaborativen Lernplattform, die dem in Seminaren oder Projekten angelegten Studium an der Köln International School of Design gerecht wird. Die Lehrenden setzten das Blogsystem aufgrund seiner Offenheit zunächst nur zögerlich ein. Nachdem der Zugang zu den Blogs auf Hochschulangehörige eingegrenzt und so eine vertraulichere Umgebung geschaffen wurde, weitete sich die Nutzung aus. Während der Umsetzung des Projektes kam es zu einem intensiven Austausch mit der Fachhochschule Köln, eine Übertragung der KISD Spaces auf andere Fachbereiche der FH ist vorstellbar. Zunächst ist jedoch geplant, die KISD Spaces zu einer PLE für die Studierenden der KISD weiterzuentwickeln.

Nutzungserfahrungen
Seit der Inbetriebnahme im Sommersemester 2008 wird die Nutzung der KISD Spaces regelmäßig evaluiert (Heidkamp/Kaliva 2009). Dabei haben sich drei Nutzungsszenarien gezeigt: 1. die Bereitstellung von Informationen und Rechercheergebnissen, 2. der Informationsaustausch sowie 3. das Kommentieren von Entwürfen. Im Verlauf der Nutzung hat sich außerdem gezeigt, dass die Studierenden bei einer vollständigen Offenheit des Systems vor einer Nutzung eher zurückschrecken. Studierende nutzen die Plattform vor allem dann aktiv, wenn dies von den Lehrenden in Projekten oder Seminaren verlangt bzw. explizit unterstützt wird. Dies erhöht auch die Vergabe von Kategorien und Tags sowie die Qualität der Beiträge.

Weiterführende Hinweise
Beitrag zum DINI-Wettbewerb „Lebendige Lernorte" 2009:
http://www.dini.de/fileadmin/wettbewerb/lebendige-lernorte/beitraege/36_sinn_kisdspaces.pdf
Ähnliche Projekte:
• Campusphere am Fachbereich Gestaltung der Fachhochschule Aachen: http://campusphere.de/
• EPB-Blogs Blogsphere der Fakultät Erziehungswissenschaften, Psychologie und Bewegungswissenschaften der Universität Hamburg: http://blogs.epb.uni-hamburg.de/

4.2.4 Ein Social Network für die Universität: CollabUni

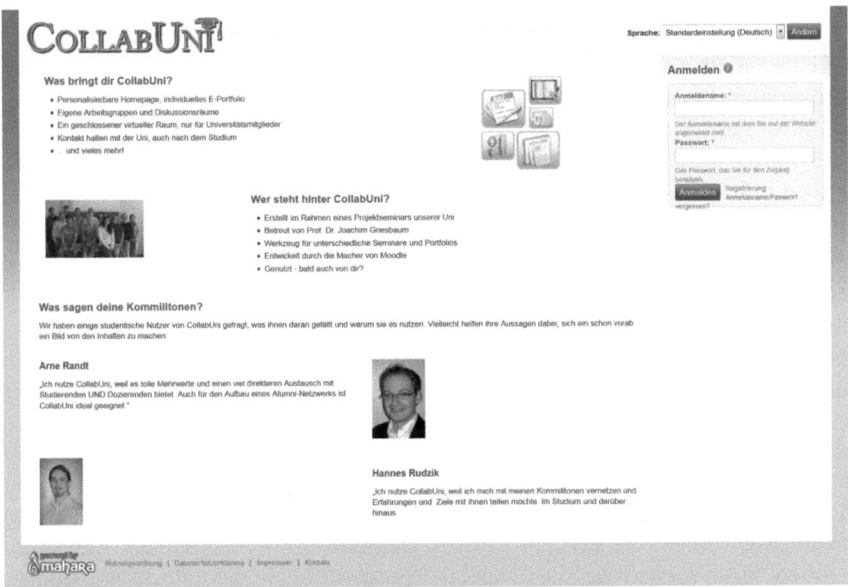

Abbildung 6: Screenshot der Informationsseite zu CollabUni

Homepage:	http://www.uni-hildesheim.de/social/collabuni/
Institution:	Institut für Informationswissenschaften und Sprachtechnologie der Universität Hildesheim
Art der Social Software:	Social Network
Zielgruppe:	Studierende und Lehrende der Hochschule, Alumni
Betreiber:	Institut für Informationswissenschaften und Sprachtechnologie
Inbetriebnahme:	2009, noch kein Regelbetrieb
Technologie/ techn. Standards:	Mahara
Finanzierung:	Keine speziellen Ressourcen zugeordnet

CollabUni erlaubt allen angemeldeten Nutzern, sich mit einem eigenen Profil und einer eigenen Webseite im Sozialen Netzwerk der Universität Hildesheim zu präsentieren. Die eingesetzte Software Mahara bietet außerdem die Möglichkeit, ein Weblog zu führen, externe Links und Feeds einzubinden sowie sich mit anderen Community-Mitgliedern zu vernetzen. Die Sichtbarkeit der Webseiten und des Profils nach außen können von jedem Nutzer individuell bestimmt werden. CollabUni unterstützt auch den Aufbau eines Alumni-Netzwerks am Institut für Informationswissenschaft und Sprachtechnologie der Universität Hildesheim, da über Mahara auch eine Anmeldung ohne Hochschul-Login möglich ist.

Warum stellt CollabUni ein Beispiel guter Praxis in der Unterstützung informellen Lernens dar?

Mithilfe des Social Networks CollabUni können die Studierenden außerhalb formalisierten Lernens an der Hochschule Informationen austauschen, ihr Lernen reflektieren und Netzwerke bilden. Anders als außerinstitutionelle Social Networks wie z.b. Facebook bietet CollabUni den Studierenden dafür einen sicheren und geschützten Raum im universitären Kontext.

Rahmenbedingungen, Entwicklung und Umsetzung

Konzept und Entwicklung des Social Networks CollabUni erfolgten in einem für den Studiengang „Internationales Kommunikationsmanagement" am Institut für Informationswissenschaften und Sprachtechnologie angebotenen Projektkurs im Sommersemester 2009. Die dem Netzwerk zugrunde liegende Software Mahara wurde von den Studierenden bewusst ausgewählt, v.a. in Hinblick auf die Möglichkeit der Einbindung des LMS Moodle in Mahara (Mahoodle). Im Wintersemester 2009/2010 wurde CollabUni dann bei den Erstsemestern des Instituts beworben, die gebeten wurden, sich ein Profil einzurichten. Außerdem erfolgte die Vorstellung des Social Networks bei der Hochschulleitung. Im Rahmen eines weiteren Projektkurses im Sommersemester 2010 wurde Kontakt zum Akademischen Auslandsamt aufgenommen und CollabUni als Tool zur Betreuung der internationalen Studierenden sowie zur Vertiefung der Kommunikation zwischen internationalen und nationalen Studierenden empfohlen.

Die technische Infrastruktur zur Sicherstellung der Dauerhaftigkeit des Social Networks wird bis zur Klärung, ob und wie CollabUni in die IT-Struktur der Hochschule eingefügt werden kann, vom Institut für Informationstechnologie und Sprachwissenschaften bereitgestellt. Als langfristige Perspektive liegt eine Ansiedlung beim hochschuleigenen Rechenzentrum nahe. Moderation und Administration müssen gegebenenfalls über verschiedene Anwendungsdomänen wie das Akademisches Auslandsamt oder einzelne Studiengänge erfolgen. Dies ist abhängig davon, inwieweit finanzielle und personelle Ressourcen für CollabUni bereitgestellt werden können.

Nutzungserfahrungen

Bei der Nutzung von CollabUni lassen sich zwei verschiedene Nutzungsszenarien beobachten: 1. die noch relativ schwach ausgeprägte Nutzung durch die Studierenden zum persönlichen Wissensmanagement, z.B. durch Gründung von Gruppen zur Unterstützung bei Abschlussarbeiten oder Auslandsaufenthalten, sowie 2. eine didaktisch-spezifische Nutzung als E-Portfolio in Lehrveranstaltungen des Instituts für Interkulturelle Kommunikation. Bei den am häufigsten durch die Studierenden genutzten Funktionen handelt es sich um das Anlegen eines Profils und die Gründung von Gruppen, wobei keine Aussage darüber getroffen werden kann, wie nachhaltig sich die Kommunikation innerhalb der Gruppen gestaltet. Die relative Geschlossenheit des Systems, die Abwesenheit von Werbung, der sichere Umgang der Universität mit den persönlichen Daten der Nutzer sowie eine Verbesserung der Kommunikation zwischen Dozenten und Studierenden werden dabei von den Studierenden als Vorteile dieses institutionellen Social Networks gegenüber anderen, außeruniversitären Angeboten gewertet.

Weiterführende Hinweise
Präsentation von CollabUni auf der Tagung I-Know 2010
http://www.slideshare.net/griesbau/collabuni-i-know2010

Ähnliche Projekte:
Studentenportal der TU Ilmenau: http://spi.tu-ilmenau.de/forum.php?stg=default

4.2.5 Eine E-Portfolio-Plattform zur Förderung außeruniversitären Engagements: Begleitstudium Problemlösungskompetenz

Abbildung 7: Die E-Portfolio-Plattform für das Begleitstudium Problemlösungskompetenz

Homepage:	http://uni-engagiert.de
Institution:	Medienlabor der Universität Augsburg
Art der Social Software:	E-Portfolio
Zielgruppe:	Teilnehmer, Leiter, Betreuer und Dozenten des Begleitstudiums Problemlösungskompetenz im Studiengang Medien und Kommunikation und Studierende der Philosophischen Fakultäten
Betreiber:	Medienlabor
Inbetriebnahme:	2007, Regelbetrieb seit WS 2009/2010
Technologie/ techn. Standards:	Drupal
Finanzierung:	Projekt-Förderung der DFG, Weiterfinanzierung über Studierendenbeiträge

Die E-Portfolio-Plattform dient der Unterstützung des von der Universität Augsburg für Studierende des Studiengangs „Medien und Kommunikation" und der Philosophischen Fakultät angebotenen „Begleitstudiums Problemlösungskompetenz".[2] Ziel des Einsatzes der E-Portfolio-Plattform ist es, über das Begleitstudium den Studierenden ein in ihren Studienablauf integriertes, außeruniversitäres Engagement zu ermöglichen und den Erwerb überfachlicher Kompetenzen zu fördern. Hierfür bietet das Begleitstudium den Studierenden in jedem Semester die Teilnahme an verschiedenen gemeinnützigen Projekten an. Die Studierenden müssen im Lauf des Projekts ein Projekttagebuch führen, in welchem sie ihre Aufgaben- und Tätigkeitsbereiche innerhalb des Projektes beschreiben und ihre Erfahrungen reflektieren. Darüber hinaus ist am Ende ein Projektbericht zu erstellen und bei dem jeweiligen Dozenten einzureichen. Beide Teilleistungen fließen in die Bewertung der im Projekt erbrachten Leistung mit ECTS-Punkten ein. Die Unterstützung des Begleitstudiums über die E-Portfolio-Plattform erfolgt auf drei Ebenen. Der Community-Bereich unterstützt die Organisation und Kommunikation innerhalb der Projekte, im Portfoliobereich haben die Studierenden die Möglichkeit, ihr Projekttagebuch zu führen und über den Assessmentbereich schließlich erfolgen Abgabe und Bewertung der Projektberichte.

Warum stellt die E-Portfolio-Plattform ein Beispiel guter Praxis in der Unterstützung informellen Lernens dar?

Das Begleitstudium Problemlösungskompetenz bietet den Studierenden nicht nur die Möglichkeit, sich trotz eines stark strukturierten Studiums in außeruniversitären Projekten zu engagieren, sondern auch mithilfe des Projekttagebuchs ihre Erfahrungen zu reflektieren und die erworbenen Kompetenzen abzubilden. Die E-Portfolio-Plattform bündelt dabei die Arbeit in den Projekten, die Reflexion mithilfe des Tagebuchs und die Bewertung der Leistung durch die Dozenten auf einer Plattform. Sie unterstützt gleichermaßen die Bildung von und das Lernen in Praxisgemeinschaften sowie einen selbstgesteuerten Lernprozess der Studierenden.

Rahmenbedingungen, Entwicklung und Umsetzung

Das Begleitstudium Problemlösungskompetenz als Einsatzkontext der E-Portfolio-Plattform wurde 2004 am Lehrstuhl für Medienpädagogik für den BA/MA-Studiengang „Medien und Kommunikation" im Zuge der Bologna-Reform entwickelt. Im Rahmen der Umsetzung einer universitätsübergreifenden informations- und kommunikationstechnologischen Innovationsstrategie wurde im Wintersemester 2006/2007 auch das Begleitstudium neu konzipiert. Die begleitende Portfolio-basierte Reflexion mithilfe des Projekttagebuchs wurde zum zentralen Bestandteil des Studienangebots und zunächst ohne IT-Unterstützung durchgeführt. Aufgrund der dezentralen Organisation des

---

2 http://www.imwk.uni-augsburg.de/studium/lehre/begleitstudium

Begleitstudiums in Projektgruppen erwies es sich aber als notwendig, einen zentralen Ort zu schaffen, an dem alle Informationen zum Studienangebot virtuell zusammengeführt werden können. Aus diesem Grund wurde im Rahmen des von 2007-2009 laufenden DFG-Forschungsprojektes „Aufbau eines IT-Servicezentrums" am Institut für Medien und Bildungstechnologie der Universität Augsburg, zunächst auf Basis der Software Elgg, ab 2008 auf Basis der Software Drupal, in enger Zusammenarbeit mit dem Team des Begleitstudiums am Medienlabor die E-Portfolio-Plattform entwickelt. Dabei erfolgte ein systematischer Einbezug aller Projektgruppen im Umfeld der Universität Augsburg. Das Prüfungsformat wurde durch Projekttagebücher und den abschließenden Projektbericht strukturiert, um trotz der offenen Konzeption des Begleitstudiums bestimmte Standards bei der Bewertung der erbrachten Leistungen berücksichtigen zu können. Mit dem Sommersemester 2010 wurde das Angebot des Begleitstudiums in enger Zusammenarbeit mit den Studierendenvertretern auf die zwei Philosophischen Fakultäten der Universität Augsburg ausgeweitet. 2011 wurde das Konzept "Bildung durch Verantwortung: das Augsburger Modell" im Wettbewerb „Mehr als Forschung und Lehre! Hochschulen in der Gesellschaft" prämiert, seither fördern der Stifterverband für die Deutsche Wissenschaft und die Stiftung Mercator die Umsetzung des Konzepts mit insgesamt 190.000 €.

Nutzungserfahrungen

Die Nutzung des Portfolio- und Assessmentbereichs ist durch den verpflichtenden Einsatz der E-Portfolio-Plattform für das Projekttagebuch relativ stark gesteuert. Ob und wie häufig der Community-Bereich während der Projektphase zur Anwendung kommt, ist abhängig davon, ob die Projekte auf eigene Infrastrukturen zur Kommunikation und Organisation zurückgreifen können. Projekte mit eigener Homepage nutzen diese in der Regel auch zur Projektorganisation, während vor allem kleinere Projekte auf den Community-Bereich der E-Portfolio-Plattform zurückgreifen, etwa zum Informationsaustausch oder zum Aufbau eines Wikis als Wissensbasis. Die E-Portfolio-Plattform zum Begleitstudium wird derzeit noch überwiegend von Studierenden des Studiengangs „Medien und Kommunikation" genutzt. Hier liegt die Nutzerquote bei ca. 60% (Stand: Mai 2010), dabei war die Erhöhung der ECTS-Punkte für das Begleitstudium für die Studierenden ein Anreiz, daran teilzunehmen. Mit Ausweitung des Begleitstudiums auf die Philosophischen Fakultäten der Universität Augsburg im Sommersemester 2010 wird damit gerechnet, dass sich der Kreis der Nutzer zunehmend erweitert.

Weiterführende Hinweise

Literatur zur E-Portfolio-Plattform:
- Sporer, T., Jenert, T., Meyer, P., Metscher, J. (2008): Entwicklung einer Plattform zur Integration informeller Projektaktivitäten in das formale Hochschulcurriculum. In: S. Seehusen, U. Lucke, S. Fischer (Hrsg.):

DeLFI 2008. Die 6. E-Learning Fachtagung Informatik der Gesellschaft für Informatik e.V. Bonn: Gesellschaft für Informatik
- Sporer, T., Sippel, S., Meyer, T. (2010): E-Portfolios als Assessment Instrument im Augsburger „Begleitstudium Problemlösungskompetenz". In: Medienpädagogik. Zeitschrift für Theorie und Praxis der Medienbildung 18/2010, Online-Publikation: http://www.medienpaed.com/18/sporer1001.pdf
- Sporer, T. (2010): Evaluation des Softwaresystems e³-Portfolio beim Einsatz im Begleitstudium Problemlösekompetenz. Einreichung zur DelFi-Tagung 2010.

4.2.6 Personalisierte Informationen für die unterschiedlichen Phasen des Studiums: Open Distributed Campus

Homepage:	http://distributed-campus.org/dc-root/
Institution:	Centrum für digitale Systeme (CeDiS) der Freien Universität Berlin
Art der Social Software:	Personalisiertes Studierendenportal
Zielgruppe:	Ausländische Studierende, Akademische Auslandsämter, ERASMUS-Koordinatoren, Betreuer
Betreiber:	CeDiS
Inbetriebnahme:	2004 an der FU Berlin
Technologie/ techn. Standards:	Apache Jetspeed Portal Technology, JFS Portlets
Finanzierung:	Anschubfinanzierung durch den DAAD; Eigenfinanzierung über Gebühren, die für den Einsatz von ODC an anderen Universitäten erhoben werden

Der „Open Distributed Campus" (ODC) dient dem Informationsaustausch und der Kommunikation zwischen ausländischen Studierenden und ihrer Gasthochschule in Deutschland. Jeder registrierte Nutzer hat Zugriff auf eine personalisierte Startseite, über die er Zugang zu Informationen über das Studium an der Gasthochschule bzw. den Studienort erhält. Zwar handelt es sich hierbei auch um ein Studierendenportal, allerdings geht es weniger um die personalisierte Bereitstellung von Inhalten wie beispielsweise bei TUgether, sondern um die Bereitstellung der in einer spezifischen Phases des Aufenthalts notwendigen Informationen. Im Zentrum des Portals steht daher die „Timeline", die es jedem Nutzer ermöglicht, zeitspezifisch die zu Beginn, während oder am Ende eines Auslandsaufenthaltes aufkommenden Fragen (wie Wohnungssuche, Krankenversicherung oder Besonderheiten des Studienorts) zu klären. Des Weiteren ist es möglich, sich über die Rubrik „Wissenswertes" Informationen themenspezifisch anzeigen zu lassen. Darüber hinaus können die Studierenden

65

mit anderen internationalen Studierenden und den Betreuern vom Akademischen Auslandsamt bzw. von den Austauschprogrammen über die Plattform in Kontakt treten. Hierfür werden programmbezogen Gruppen vorkonfiguriert, etwa für ERASMUS-Studierende, Teilnehmer an Stipendienprogrammen oder am Direktaustausch. Mit dem Ende des Studiums in Deutschland endet für die Studierenden die Zugriffsmöglichkeit auf die Plattform.

Warum stellt ODC ein Beispiel guter Praxis in der Unterstützung informellen Lernens dar?
Der ODC orientiert sich bei der Auswahl von Informationen an den Herausforderungen, die sich in den verschiedenen Phasen eines Auslandsstudiums in Deutschland stellen und bietet so den internationalen Studierenden eine auf ihre Bedürfnisse zugeschnittene Informationsplattform. Die Bereitstellung der Informationen über das Portal hilft, kulturelle und administrative Hindernisse zu vermeiden, die „Timeline" unterstützt die Studierenden bei der Organisation ihres Auslandsstudiums und zudem fördert der Aufbau einer Community über den ODC den interkulturellen Austausch zwischen ausländischen und einheimischen Studierenden.

Rahmenbedingungen, Entwicklung und Umsetzung

Die Projektentwicklung zum Aufbau einer Plattform zur kulturellen und akademischen Vorbereitung ausländischer Studierender auf ein Studium an der FU Berlin begann bereits 2003 mit dem Ziel, die Betreuung US-amerikanischer Direktaustauschstudierender zu verbessern. Die Projektförderung im Rahmen des PROFIS-Programmes des DAAD 2005 ermöglichte eine Ausweitung des ODC auf alle internationalen Studierenden der FU Berlin. Nach Interessenbekundungen und Anfragen zum Einsatz des Angebots an anderen Hochschulen folgten Weiterentwicklungen und Flexibilisierungen, so dass ODC seit 2008 über die FU Berlin hinaus eingesetzt werden kann. Mit Stand von 2010 nutzen deutschlandweit insgesamt neun Hochschulen den ODC zur Betreuung ihrer internationalen Studierenden, darunter die Universitäten Mainz, Bremen und Potsdam. Letztere deckt damit auch die Betreuung deutscher Studierender im Ausland ab.

Nutzungserfahrungen

An Hochschulen, die den ODC nutzen, erfolgt die Betreuung der internationalen Studierenden ausnahmslos über diese Plattform. Die Studierenden sind dazu angehalten, den ODC zu nutzen, um die notwendigen Informationen über das Studium in Deutschland und die Gasthochschule zu erhalten. Hierfür werden sie vom Akademischen Auslandsamt oder dem International Office darüber informiert, dass die Betreuung online erfolgt. Mit ihrer Zulassung zum Studium an der Gasthochschule bekommen sie die Aufforderung, sich auf der Plattform ODC zu registrieren. Auf der Plattform bilden sich dann entlang der unterschiedlichen Austauschprogramme (ERASMUS, Direktaustausch, internationale Masterprogramme etc.) verschiedene Nutzergruppen, in denen die Studierenden untereinander und mit den Betreuern der Gasthochschule in Kontakt treten können. Die Nutzung der Kommunikationsfunktionen ist sehr stark abhängig von Art und Größe der Gruppe und vom Alter der Studierenden, so nutzen ERASMUS-Studierende diese Möglichkeit der Kommunikation untereinander häufiger als Teilnehmer eines weiterqualifizierenden internationalen Masterstudiengangs.

Weiterführende Hinweise
Informationen und Materialien zum Open Distributed Campus auf der Homepage der FU Berlin:
http://opendc.distributed-campus.org/downloads/index.html

Ähnliche Projekte / Adaptionen des ODC an anderen HS:
- „UPrepare", Akademisches Auslandsamt der Universität Potsdam: http://dis tributed-campus.org/uprepare/ (seit Januar 2008)
- „Intercampus", Internationales Büro der Friedrich-Schiller-Universität Jena: http://distributed-campus.org/intercampus/ (seit März 2008)
- „Newcomer Portal", International Office der Universität Bremen: http://dis tributed-campus.org/newcomerportal/ (seit April 2009)
- „TUM Welcome Guide", International Office der TU München: http://distri buted-campus.org/tumwelcomeguide/ (seit Mai 2009)
- „JoGuGate", Abteilung Internationales der Johannes Gutenberg-Universität Mainz: http://distributed-campus.org/jogugate/ (seit November 2009)
- „Jacobs Portal", Registrar's Office, Jacobs University Bremen: http://distrib uted-campus.org/jacobsportal (seit Juli 2010)
- „uni-koeln-international", Akademisches Auslandsamt, Universität zu Köln: http://distributed-campus.org/unikoelninternational (seit September 2010)
- „Countdown", Akademisches Auslandsamt, TU Kaiserslautern: http://distribu ted-campus.org/ukl-countdown (seit September 2010)

4.3 Internationale Beispiele guter Praxis

In Ergänzung zu den in Deutschland identifizierten Beispielen guter Praxis bei der Verwendung von Social Software im Bereich informellen Lernens wurden weitere Projekte aus dem Ausland recherchiert, die eine noch größere Bandbreite an Einsatzmöglichkeiten und Nutzungsvarianten aufzeigen. Dabei lassen sich auch diese Angebote in die Kategorien Blogsysteme, Social Networks, Studierendenportale/PLEs sowie E-Portfolios einteilen. Für jede Kategorie werden in diesem Fall zwei Angebote vorgestellt, die das Spektrum der Nutzungsmöglichkeiten und deren jeweilige Perspektiven und Auswirkungen aufzeigen.

4.3.1 Erweiterte Blogsysteme: UMW Blogs und CUNY Academic Commons

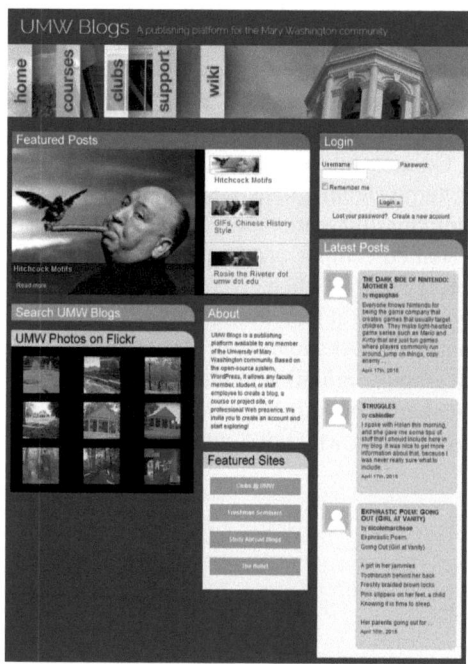

Abbildung 8:   Screenshot des Blogsystems UMW-Blogs

Homepage: http://umwblogs.org
Institution: Mary Washington University Fredericksburg
Anwendungstyp: Blogsystem (Wordpress)

Nutzungsszenario:	Kollaborative Lern- und Informationsplattform und LMS
Zielgruppen:	Studierende, Lehrende
Weiterführende Informationen:	Einsatzvorschläge: http://support.umwblogs.org/getting-started/10-ways-to-use-umw-blogs

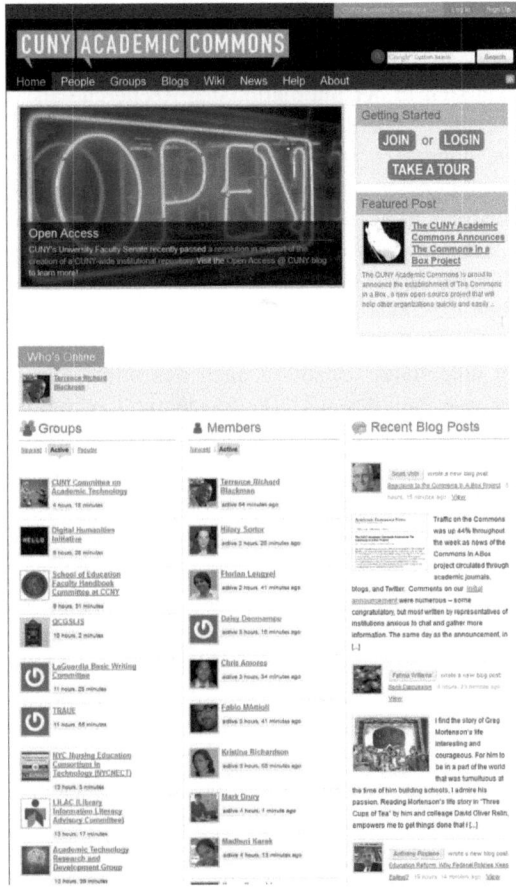

Abbildung 9: Screenshot der CUNY Academic Commons

Homepage:	http://commons.gc.cuny.edu
Institution:	City University New York
Anwendungstyp:	Blogsystem (Wordpress/Buddypress)

Nutzungsszenario:	Social Network und Repositorium zur wissenschaftlichen Vernetzung und zum Aufbau eines universitären Repositoriums
Zielgruppen:	MA- und PhD-Studierende, Wissenschaftler, Lehrende
Weiterführende Informationen:	Informationsbroschüre zu den CUNY Academic Commons: http://www.slideshare.net/brooklyn techie/cuny-academiccommonsbrochure

Blogsysteme erwiesen sich in der internationalen Recherche als vergleichsweise verbreitet an Hochschulen. Allerdings werden sie selten gezielt zur Förderung informellen Lernens eingesetzt, wie bei den Beispielen der UMW Blogs und der CUNY Academic Commons, die daher als Good Practice ausgewählt wurden. Beide Blogsysteme werden zwar in erster Linie zur Unterstützung des formalen Lernens in Lehrveranstaltungen eingesetzt. Das gilt insbesondere für die UMW-Blogs, die das universitätseigene LMS ersetzen sollen (Mott 2010). Trotzdem ermöglichen es UMW Blogs und CUNY Academic Commons jedem Hochschulangehörigen (Studierenden, Dozenten, Wissenschaftlern), ein eigenes Blog anzulegen und unterstützen insofern auch das informelle Lernen. Social-Network-Funktionen wie bei den CUNY Academic Commons helfen dabei, beide Bereiche miteinander zu integrieren.

Der Aufbau der blogbasierten kollaborativen Lernplattform UMW Blogs erfolgte auf Grundlage von Wordpress-Multiuser (WordpressMU), einer Version der Blog-Software Wordpress, mit welcher mehrere Blogs innerhalb eines Systems angelegt werden können (vgl. http://wpmu.de/). UMW-Blogs sind vergleichbar mit den KISD SPACES der FH Köln, bieten allerdings auch administrative Funktionen wie die automatisierte Einschreibung in Lehrveranstaltungen (Mott 2010). CUNY Academic Commons hingegen zielt auf den Aufbau eines fakultätsübergreifenden, universitätsweiten Forschungsnetzwerks zum Austausch über und zur gemeinsamen Arbeit an Forschungsaufgaben. Hierfür werden Nutzerprofile angelegt, Blogs eingerichtet und es ist möglich, Gruppen zu bilden (Roel 2010). Weil dabei weniger die Plattform- als vielmehr die Social-Network-Funktion des Blogsystems im Vordergrund steht, wird als zugrundeliegende Software das Wordpress-Plugin Buddy Press genutzt. Die Bezeichnung der Social-Software-Initiative als „Academic Commons" weist außerdem darauf hin, dass über die bloße Vernetzung von Personen hinaus auch der Aufbau eines gemeinsamen Repositoriums über das Blogsystem angestrebt wird, das fachbezogene Ressourcen der Universität für interessierte Nutzer sammelt.

4.3.2 Soziale Netzwerke für Praxisgemeinschaften: DEVELOP ME! und COHERE

DEVELOP ME!

Homepage:	Das Soziale Netzwerk wurde inzwischen eingestellt.
Institution:	University of Bradford (UK)
Anwendungstyp:	Social Network
Nutzungsszenario:	Aufbau eines Sozialen Netzwerks v.a. zwischen Studienanfängern und fortgeschrittenen Studierenden und Lehrenden
Zielgruppen:	Studienanfänger, Studierende, Lehrende
Weiterführende Informationen:	Videos, Podcast und Abstract zur Vorstellung von Develop Me! auf der „Innovating E-Learning Online Conference" auf den Seiten des JISC: http://www.jisc.ac.uk/whatwedo/programmes/ elearningpedagogy/elpconference09/programme/ developme.aspx

COHERE

Homepage:	http://cohere.open.ac.uk/index.php
Institution:	Open University (UK)
Anwendungstyp:	Wissensnetzwerk
Nutzungsszenario:	Aufbau eines Sozialen Netzwerks entlang wissenschaftlicher Fragestellungen und Forschungsinteressen
Zielgruppen:	Wissenschaftler und Studierende
Weiterführende Informationen:	Quick Start Guide für Cohere: http://labspace.open.ac.uk/course/view. php?id=3355

Während Hochschulen auch international zögern, etablierte Soziale Netzwerke wie Facebook für andere Zwecke als die Öffentlichkeitsarbeit zu nutzen, konnten in der Recherche auch Beispiele identifiziert werden, die das Potenzial von Social-Network-Plattformen nutzen, um die Bildung von Praxisgemeinschaften unter den Hochschulangehörigen zu fördern und die dadurch eine wichtige Rolle bei der Unterstützung informellen Lernens spielen können. Das Social Network DEVELOP ME! ist vorrangig an Studierende gerichtet, die vor Beginn ihres Studiums an der Universität Bradford stehen. Es soll ihnen helfen, mit anderen Studienanfängern und fortgeschrittenen Studierenden Kontakte zu knüpfen sowie in Kontakt mit den Lehrenden der Hochschule zu kommen. Die Studierenden kommunizieren dabei über eine bei NING, einem Anbieter von individuell konfigurierbaren Sozialen Netzwerken, eingerichtete Social-Network-Plattform und sollen sich so zunächst gegenseitig bei der Bewältigung von Problemen des Studienanfangs helfen und gemeinsam Lösungsmöglichkeiten finden. Darüber hinaus bietet DEVELOP ME! auf den Webseiten der „Learner Development Unit" (brad.ac.uk/learner-development/) für die Hochschule Ressourcen und Veranstaltungen zur Vermittlung spezifischer Lernkompetenzen an. Der Austausch über das Social Network soll auch dazu beitragen, diese Informationen effektiver und individuell abgestimmter zu gestalten. Im Mittelpunkt des Social Networks DEVELOP ME! steht damit der Aufbau eines Sozialen Netzwerks zur Verbesserung der Kommunikation zwischen Studierenden, Lehrenden und Studienanfängern sowie zur Optimierung des Einsatzes universitärer Angebote zur Studienvorbereitung und Vermittlung von Lernkompetenzen (JISC 2009).

Auf der Plattform COHERE entsteht das Social Network hingegen indirekt über die Bearbeitung wissenschaftlicher Fragestellungen. COHERE soll zunächst die Verknüpfung von Ideen und Argumenten unterstützen. Dabei ist es möglich, über die von anderen Nutzern erstellten Argumentationsstränge auf deren Nutzerprofile zuzugreifen und bei der Bearbeitung eigener Fragestellungen bereits bestehende Argumentationsmuster zu nutzen. Die intuitive Entstehung eines „Wissensnetzwerks" erfolgt nicht nur entlang einzelner Fragestellungen, sondern auch über Schnittstellen bzw. Überlagerungen zwischen ihnen (Buckingham Shum 2008).

Beide Perspektiven auf Soziale Netzwerke zur Unterstützung informellen Lernens sind interessant, weil sie sich bewusst auf den Student Life Cycle beziehen: DEVELOP ME! unterstützt den Einstieg in eine Community of Practice zu Beginn des Studiums, COHERE fördert dagegen die Bildung von Communities of Practice zu fachbezogenen Fragestellungen, die in der Abschlussphase des Studiums auftreten und über deren Bearbeitung ein Netzwerk interessierter Studierender und Wissenschaftler entsteht. Für eine Plattform wie COHERE ist zugleich die Nutzung durch Mitglieder einer Hochschule (Lernende und Lehrende) zur Vernetzung innerhalb eines Projekt- oder Forschungsseminars oder interdisziplinär über die Grenzen fachbereichsbezogener Lehrveranstaltungen hinweg denkbar. Die Plattform stellt insofern auch den Ausgangspunkt und die technische Grundlage für den Aufbau eines umfangreichen und vernetzten Repositoriums einer Hochschule dar.

4.3.3 Personalisierbare Studierendenportale: iWOOSTER und SAPO CAMPUS

iWOOSTER

Homepage:	http://www.wooster.edu/iWOOSTER
Institution:	University of Wooster (USA)
Anwendungstyp:	Studierendenportal
Nutzungsszenario:	Informationsportal für Studierende, ermöglicht Zusammenstellung persönlicher Startseite
Zielgruppen:	Studierende

SAPO CAMPUS

Homepage:	http://campus.ua.sapo.pt/
Institution:	Universidade Aveiro (PT)
Anwendungstyp:	Studierendenportal
Nutzungsszenario:	Persönliche Lernumgebung
Zielgruppen:	Studierende, Lehrende

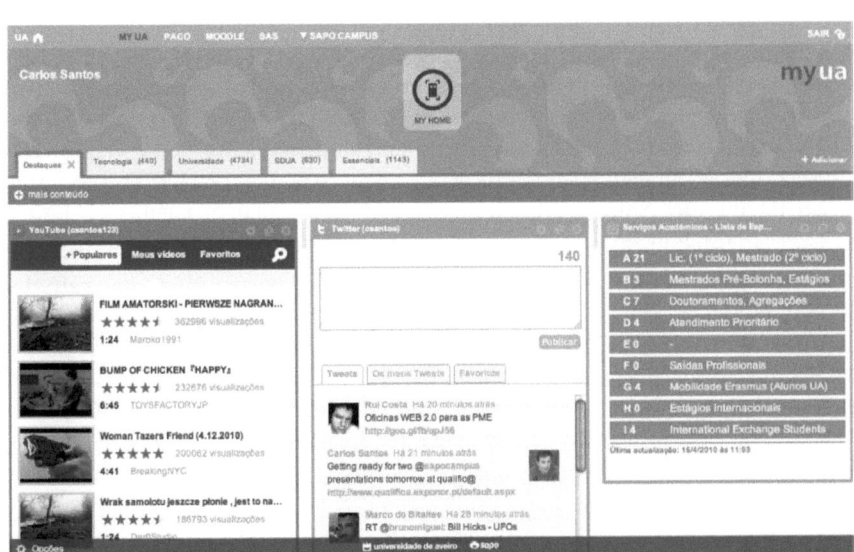

Abbildung 10: Screenshot des personalisierten Studierendenportals SAPO Campus (Santos & Pedro 2010)

In der Kategorie Studierendenportale zeigen sich vor allem Unterschiede bei der Anbindung der Portale an die Hochschule und bei möglichen Schnittstellen zu externen Social-Software-Angeboten. In der internationalen Recherche wurde je ein Beispiel für die enge institutionelle Anbindung von Studierendenportalen (iWOOSTER) und für die Offenheit für externe Angebote (SAPO Campus) ausgewählt, um Beispiele guter Praxis in den beiden Anwendungsbereichen aufzuzeigen. Verbindendes Element ist, dass beide Angebote auch über die Dauer des Studiums hinaus genutzt werden können.

Das Portal iWOOSTER ist über die Homepage der Universität Wooster zu erreichen und versorgt die Studierenden mittels einer persönlichen Startseite mit Informationen aus dem Web-Bereich der Hochschule. Die Studierenden können ihre persönliche Startseite im Verlauf des Studiums verändern, je nachdem, welche Informationen der Hochschule für den jeweiligen Studiumsabschnitt relevant sind. Eine Möglichkeit, externe Anwendungen oder Inhalte einzubinden, gibt es dabei nicht. Ziel der Plattform ist vor allem, die Studierenden über Angebote der Hochschule zu informieren und die Identifikation mit „ihrer" Hochschule zu erhöhen (Sitecore 2009).

Demgegenüber ist Hauptanliegen des Studierendenportals SAPO Campus, den Studierenden den Aufbau einer Persönlichen Lernumgebung (PLE) über die institutionellen Grenzen der Hochschule hinaus zu ermöglichen. Jeder Nutzer bekommt eine persönliche Startseite, in die er Social-Software-Anwendungen der Universität (Blogs, Foto- und Videoportal und Instant-Messenger) einbinden kann. Darüber hinaus wurden über API-Widgets Schnittstellen zu externen Anwendungen und Inhalten geschaffen. Die Instant-Messenger-Funktion ermöglicht es den Nutzern, miteinander in Kontakt treten und Inhalte ihrer PLEs auszutauschen bzw. in ihre PLEs einzufügen (Santos/Pedro 2009). Der Einsatz dieser Studierendenplattform ist nicht wie bei iWOOSTER auf die Unterstützung der Studiumsorganisation beschränkt, sondern kann auch formal in Lehrveranstaltungen erfolgen.

Sowohl iWOOSTER als auch SAPO CAMPUS können über die Zeit des Studiums hinaus genutzt werden. SAPO CAMPUS trennt dabei bewusst zwischen zwei Nutzergruppen: Hochschulangehörigen und externen Nutzern. So können externe Nutzer auf die Inhalte der PLEs zugreifen (sofern diese öffentlich geschaltet sind), es ist ihnen aber nicht möglich, über die Anwendungen der Hochschule zu den Inhalten beizutragen oder die Messenger Funktion zu nutzen. Bei iWOOSTER erfolgt eine Registrierung ausschließlich über die persönliche E-Mail-Adresse, nicht über hochschulinterne Zugangsdaten.

4.3.4 E-Portfolios zur Repräsentation und Reflexion: ePet und PEBBLEPAD

ePet

Homepage:	http://www.eportfolios.ac.uk
Institution:	University of Newcastle, Leeds University, u.a
Anwendungstyp:	E-Portfolio ePet Extension Toolkit integriert in lokale LMS
Nutzungsszenario:	Erstellen eines persönlichen E-Portfolios zur Dokumentation und Reflexion persönlicher Lernprozesse
Zielgruppen:	Studierende
Weiterführende Informationen:	Fallstudie zum Einsatz von ePet an der Universität Newcastle: http://www.ac.uk/FDTL4?pid=49 Verschiedene Fallbeispiele für den Einsatz von ePet in Nord-England: http://www.eportfolios.ac.uk/eportfolio

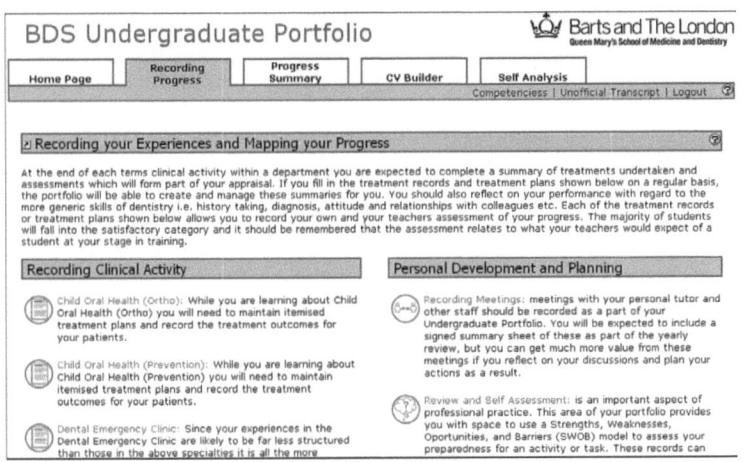

Abbildung 11: Beispiel für die Implementierung der E-Portfoliosoftware ePet (Cotterill et al. 2004)

75

PEBBLEPAD

Homepage:	http://www.pebblepad.co.uk/
Institution:	University of Bradford:
	(http://www.pebblepad.co.uk/bradford/login.aspx),
	University of Wolverhampton u.a.
Anwendungstyp:	E-Portfoliosoftware Pebblepad
Nutzungsszenario:	Erstellen eines persönlichen E-Portfolios zur
	Selbstpräsentation und Dokumentation und
	Reflexion persönlicher Lernprozesse
Zielgruppen:	Schüler, Studierende, Absolventen
Weiterführende	Beispiele für Pebblepad-Portfolios und
Informationen:	Evaluationsergebnisse:
	http://www.pebblepad.co.uk/

Für den Einsatz von E-Portfolios lassen sich zwei grundlegende Nutzungs-szenarien unterscheiden: Einerseits kann das E-Portfolio Ergebnis verschiedener reflexiver Lern- und Lernplanungsprozesse sein, den Lernenden also dazu dienen, Gelerntes zu reflektieren, persönliches Lernen zu planen und einen Überblick über Lernfortschritte zu erhalten. Andererseits kann es bewusst einem Publikum zugänglich gemacht werden (Lehrenden, potenziellen Arbeitgebern oder Hochschulen), das sich einen Überblick über die Kompetenzen und Fähigkeiten des Lernenden verschaffen und diese ggf. bewerten kann (JISC 2008). Dabei legt der Nutzer selbst fest, welche Inhalte seines E-Portfolios für welche Publikumsgruppe zu sehen sind.

Die ausgewählten Beispiele zeigen, wie E-Portfolios in eine bestehende LMS-Infrastruktur eingebettet werden können (ePet) oder als eigenständiges System genutzt werden können (PebblePad), um die Reflexion des Gelernten im Laufe des Studiums zu unterstützen. Aufgrund ihres speziellen Zuschnitts auf institutionelle Bildungskontexte ermöglichen sie sogar einen gleichzeitigen Einsatz zur Reflexion und Präsentation nach außen. Letzteres Szenario gewinnt vor allem mit Blick auf die Randbereiche des Student Life Cycles wie dem Wechsel von der Schule zur Hochschule und dem Übergang auf den Arbeitsmarkt (Higgison et al. 2007) an Relevanz. Am Übergang zur Hochschule können E-Portfolios eine zeitige Auseinandersetzung der Schüler bzw. Studienanfänger mit dem Bildungs- und Lebensweltkontext der Hochschule fördern, etwa indem Abiturjahrgänge aufgefordert werden, E-Portfolios zur Unterstützung ihrer Bewerbung an einer Hochschule zu erstellen. So wurden im Rahmen eines Vorbereitungsmoduls für Studienanfänger an der Universität Bradford verschiedene lokale Schulen mit der E-Portfoliosoftware PebblePad ausgestattet (www.elp.ac.uk/casestudies.html#CS1). Auf diese Weise konnte das Bewusstsein der Schüler für bestimmte Studiengänge und den Bewerbungsprozess geschärft werden. Der Einsatz von E-Portfolios in der Studienendphase zielt vor allem auf die Selbstdarstellung der Studierenden gegenüber potenziellen Arbeitgebern bzw. anderen Hochschulen – sofern ein weiterführendes Studium angestrebt wird. Ein E-Portfolio kann dann bewerbungsspezifisch zusammengestellt werden und etwa den persönlichen Lebenslauf, eigene Veröffentlichungen und Zertifikate oder andere weiterführende Qualifikationen enthalten (www.elp.ac.uk/casestu dies.html#CS2, vgl. JISC 2008). Die Inhalte, aus denen das Portfolio erstellt wird, werden idealerweise bereits im Verlauf des Studiums gesammelt und können so gleichzeitig einer systematischen und strukturierten kritischen Reflexion über Lernergebnisse und -fortschritte im Rahmen der persönlichen Lernplanung dienen. Es erscheint sinnvoll, die Portfolio-Arbeit als festen Bestandteil in Lehrveranstaltungen einzubetten und von Tutoren begleiten zu lassen, um eine Wahrnehmung als Mehraufwand zu vermeiden und den Studierenden die nötigen Kompetenzen für einen effektiven Einsatz von E-Portfolios zu vermitteln. So zeigt etwa der Einsatz von PebblePad im „Studiengang Human Ressources Management" an der Universität Wolverhampton, dass Studierende vor allem die Möglichkeit der Kommunikation mit und des Feedbacks von Tutoren bzw. – im Falle von MA- und PhD-Studierenden – Kollegen über PebblePad positiv bewerten (Maiden/Kinsey 2005). Auch wenn E-Portfolios somit einzelne Aspekte informellen Lernens unterstützen, liegen ihre Potenziale im Rahmen des Studiums doch in erster Linie im Bereich formalen Lernens.

4.4 Schlussfolgerungen: Lehren aus den Praxisbeispielen

Die vorstehend beschriebenen Beispiele zeigen eine Fülle von Möglichkeiten, wie Hochschulen Social Software nutzen können, um Lernprozesse der Studierenden zu unterstützen. Bereits diese Vielfalt macht deutlich, dass es nicht eine bestimmte Lösung gibt, die Erfolg verspricht, sondern dass unterschiedliche Ansätze jeweils spezifischen Nutzen haben können. Nicht zu vergessen ist aber auch, dass selbst die als erfolgreich bewerteten Beispiele die Probleme verdeutlichen können, mit denen sich Hochschulen bzw. Initiativen an Hochschulen konfrontiert sehen, wenn sie Social Software einsetzen wollen. Die zum Teil mühevolle Recherche dieser Fälle hat bestätigt, dass die Bereitschaft zur Nutzung von Social Software bei den Hochschulen bislang noch gering ist. Einige der Angebote wurden in der Zeit bis zur Publikation dieser Studie eingestellt und sind inzwischen nicht mehr erreichbar. Dies ist allerdings weniger als Zeichen dafür zu werten, dass sie nicht erfolgreich waren, sondern vielmehr dafür, dass zum einen die Rahmenbedingungen im Hochschulbereich große Herausforderungen darstellen, zum anderen die Entwicklung der Onlinemedien hochgradig dynamisch ist, gerade im Bereich von Social Software. Die aus der Analyse der Praxisbeispiele zu ziehenden Lehren sind unabhängig davon wertvoll für die Konzeption und Planung entsprechender Maßnahmen an Hochschulen.

Die an den Beispielen ablesbaren Herausforderungen bestehen dabei zum einen darin, ein genügend attraktives Angebot zu schaffen, das die Studierenden und Lehrenden der Hochschule zur regelmäßigen Nutzung motiviert. Im Fall von Social-Software-Anwendungen wie Blogsystemen oder Social Networks entwickelt sich die Attraktivität des Angebots erst durch die Nutzung durch viele Teilnehmende, da erst dadurch interessante Inhalte auf den Webseiten zur Verfügung gestellt werden. Aus den Beispielen lassen sich verschiedene Strategien ablesen, mit dieser Herausforderung umzugehen. So setzen Angebote wie MyPaed, TUgether und der Open Distributed Campus auf die geschickte Kopplung von institutionellen Informationen mit Bereichen, in den die Nutzer persönliche Daten und Inhalte beitragen können.

Angebote wie die Weblogs der KISD Spaces und auch die E-Portfolio-Plattform für das Begleitstudium Problemlösungskompetenz haben es durch Anbindung an formale Strukturen wie einzelne Lehrveranstaltungen geschafft, Nutzer zu gewinnen und dadurch ihr inhaltliches Angebot anzureichern. In diesen Fällen ist jedoch eine anfängliche Investition erforderlich, bis die nötige kritische Masse an Nutzern erreicht ist. Umgekehrt kann aber die Möglichkeit der informellen Nutzung auch die Akzeptanz für Systeme zur Unterstützung des formalen Lernens erhöhen, wie die US-amerikanischen Beispiele von Blogsystemen zeigen. Bei Social-Network-Systemen wie beispielsweise CollabUni, aber auch Develop me!, konkurriert dagegen die Nutzung des von institutioneller Seite angebotenen Systems potenziell mit bereits privat von den Studierenden genutzten Angeboten. Daher fällt es in diesen Fällen schwerer, die Nutzer jenseits des formalen Angebots an die Plattformen zu binden. Der Aufbau eines Repositoriums vernetzter Inhalte wie bei Cohere unterliegt diesem Problem nicht, sondern kann aus der Verbindung von informeller und formaler Nutzung Kapital schlagen.

Eine zweite an den Beispielen ablesbare Herausforderung besteht darin, einen dauerhaften und nachhaltigen Betrieb der Angebote zu gewährleisten. Dies betrifft vor allem Angebote, die nicht direkt an die Hochschule gekoppelt sind. Aber auch dort, wo eine Anbindung besteht, muss – wie oben beschrieben – dafür gesorgt werden, dass durch stetige Nutzung das Angebot aufrechterhalten und inhaltlich erweitert werden kann. Viele der beschriebenen Angebote sind allerdings als Projekte gestartet worden, zum Teil (wie MyPaed) von Akteuren außerhalb der Institution. In diesen Fällen muss die Nachhaltigkeit über das Projektende hinaus eigens hergestellt werden, was auch dann, wenn ein Nutzungsinteresse weiterbesteht, an finanziellen Schwierigkeiten scheitern kann. Insofern empfiehlt sich eine möglichst frühe Einbeziehung relevanter Stellen innerhalb der Hochschulverwaltung zur Sicherung der Nachhaltigkeit.

Auf diese Weise kann auch der Transfer vielverprechender Ansätze aus einem Teil der Hochschule, z.B. einem Fachbereich, in weitere Teile, die ebenfalls von einer Nutzung profitieren können, erleichtert werden. Alternativ bietet sich eine Ausweitung der Angebote über den Rahmen der Hochschule hinaus an, wenn, wie im Fall von Cohere, die zu unterstützenden Communities of Practice nicht an eine solche Institution gebunden sind.

Neben der Identifizierung von Herausforderungen lassen sich aber auch aus den Erfolgen der Beispiele guter Praxis Schlussfolgerungen für die Entwicklung von Social-Software-Angeboten zur Unterstützung informellen Lernens ziehen. Zunächst wird deutlich, dass für Social-Software-Angebote keine aufwendigen Software-Entwicklungen notwendig sind. Viele Lösungen beruhen auf Standardsoftware, häufig Open-Source-Entwicklungen (wie z.B. das Portal-System Liferay), und lassen sich mit einem überschaubaren Aufwand für Anpassungen in die bestehenden IT-Systeme integrieren. Wie das Beispiel MyPaed zeigt, erleichtern Social-Software-Anwendungen die Integration mit anderen solchen Anwendungen durch Nutzung von Standardschnittstellen wie RSS oder iCal (für Kalenderdaten). Dank solcher Standards wird auch die Einbindung heterogener Informationsquellen möglich, was im Bereich des informellen Lernens von Studierenden von besonderer Relevanz ist.

Eine solche Einbindung unterschiedlicher Informationen ist charakteristisch für personalisierte Angebote. Die meisten vorgestellten Beispiele räumen den Nutzern Gestaltungsspielräume bei der Ausgestaltung des Social-Software-Angebots ein. Das kann die Einbindung von selbst gewählten RSS-Feeds bedeuten (MyPaed), aber auch die Anordnung von Diensten auf der Portalseite (TUgether) oder aber spezifisch auf den Nutzer und seine Situation zugeschnittene Informationen (ODC). Neben dem Gestaltungsaspekt bringt die Personalisierung als weiterer Vorteil auch die Nutzbarkeit über die Phase des Studiums hinaus mit sich, wenn beispielsweise Inhalte eines E-Portfolios nicht nur im Studium, sondern auch während Praktikas außerhalb der Hochschule gesammelt werden können und nach dem Studium in der Phase der Arbeitssuche zur Verfügung stehen. Als personalisiertes Portal kann ein institutionelles Social-Software-Angebot außerdem Zielgruppen ansprechen und an die Hochschule binden, die noch vor der Entscheidung für ein Studium stehen.

Als dritter besonders interessanter Punkt, der sich an den Beispielen beobachten lässt, ist die Unterstützung von sozialer Vernetzung zu nennen, ein charakteristisches Merkmal von Social Software generell. Seien es dezidierte Social Networks wie CollabUni oder Develop Me!, ebenso aber auch Blogsysteme, Persönliche Lernumgebungen und Portale und selbst die vorgestellten E-Portfolios – sie alle bieten Möglichkeiten, Kontakte zu anderen Nutzern über das jeweilige System aufzubauen und so mithilfe des Social-Software-Angebots ein Soziales Netzwerk aufzubauen, abzubilden und zu pflegen. Eine solche

Funktion ist nicht nur zur Festigung der Nutzerstruktur interessant, sondern bietet den Nutzern auch den Vorteil, schnell und ohne Systemwechsel mit anderen in Kontakt zu kommen und auf deren Ressourcen zurückgreifen zu können. Auf diese Weise ist es möglich, dass sich Communities of Practice über die Social-Software-Angebote etablieren lassen bzw. ihr Aufbau durch Social-Software-Angebote unterstützt wird.

Die Verfügbarmachung von Ressourcen stellt einen weiteren Vorteil dar, der bei vielen der betrachteten Angebote erkennbar ist. Ob es sich bei den Ressourcen um hochschulspezifische Informationen wie bei den verschiedenen Blogsystemen handelt oder um Informationsressourcen, die Nutzer der Portalsysteme und Lernumgebungen mit anderen teilen können – die Sammlung von Ressourcen unter bestimmten Gesichtspunkten (wie fachliche Zugehörigkeit, Aktualität oder persönlicher Bezug) unterstützt das Lernen der Studierenden und schafft Verbindungen, die über formale Kontexte wie einzelne Lehrveranstaltungen und Institutionen hinausgehen und Communities erschließen helfen, die ohne solche Angebote schwer zugänglich wären. Die Ausrichtung auf Ressourcen kann einer Institution außerdem dabei helfen, ein organisatorisches Gedächtnis aufzubauen, das die einzelnen Studierenden überdauert und es nachkommenden Generationen erleichtert, sich zurechtzufinden. Auf diese Weise leisten die Sammlungen auch einen Beitrag zur Sicherung eines nachhaltigen Interesses an der Nutzung der zugehörigen Angebote.

5. Empfehlungen zur Unterstützung informellen Lernens

Durch die empirischen Studien sowie die Analyse der Beispiele guter Praxis konnten bereits vielfältige Anhaltspunkte gewonnen werden, wie das studentische Lernen über etablierte E-Learning-Angebote hinaus durch den Einsatz von Social Software unterstützt werden kann. Der Fokus bei der Konzeption entsprechender Angebote sollte auf den Anforderungen der Studierenden liegen und nicht auf denen der Hochschule. Dabei sollte auch berücksichtigt werden, dass sich diese Anforderungen in den unterschiedlichen Phasen des Studiums zum Teil stark verändern. Die Angebote sollten die soziale Vernetzung studentischer Communities unterstützen, gleichzeitig aber auch den Aufbau eines vernetzten Informationspools ermöglichen, der die Community als geteiltes Repertoire unterstützt. Die Angebote sollten durch die Studierenden gestaltbar sein; gleichzeitig wurde auch deutlich, dass bei den Studierenden noch erheblicher Informationsbedarf über die Möglichkeiten besteht, wie sie Social Software im Rahmen ihres Studiums gewinnbringend nutzen können. Schließlich erscheint es nicht nötig, entsprechende Angebote grundlegend neu zu entwickeln, da bereits viele Anwendungen bzw. Komponenten zur Verfügung stehen. Die Angebote sollten allerdings nachhaltig zur Verfügung stehen, so dass eine Nutzungs- und Datensicherheit mindestens für die Dauer des Studiums, idealerweise aber darüber hinaus gewährleistet ist.

Wenn es nun um die Ableitung von Empfehlungen auf Basis dieser Erkenntnisse geht, so ist zunächst festzuhalten, dass die Adressaten dieser Empfehlungen in erster Linie die Hochschulen sind (Hochschulleitungen bzw. entsprechende Dienstleistungseinheiten). Dies steht aber nicht der Forderung nach Einnahme der Lernendenperspektive entgegen, denn die Hochschulen sind ohnehin zunehmend gefordert, nicht nur Lehrprozesse zu organisieren, sondern auch die über das formale Lernen hinausgehenden Lernprozesse umfassend zu unterstützen (s. oben Kap. 2.2).

Ebenfalls spielt für die hier – ursprünglich im Rahmen des Projekts „Learner Communities of Practice" – entwickelten Empfehlungen der lokale Kontext der sächsischen Hochschulen eine Rolle. Mit Blick auf die Frage der Übertragbarkeit der Empfehlungen lässt sich dieser charakterisieren als geprägt durch eine große Vielfalt an Hochschulformen (mit vier Universitäten, fünf Kunsthochschulen, fünf staatlichen Hochschulen für angewandte Wissenschaften sowie elf weiteren Hochschulen) und disziplinären Spezialisierungen. Gleichzeitig arbeiten die Hochschulen landesweit in vielerlei Hinsicht zusammen, unter anderem besteht mit dem Bildungsportal Sachsen bereits seit mehr als zehn Jahren ein landesweites, zentral angebotenes Lernmanagementsystem (OPAL), ebenso gibt es ein für alle Hochschulen arbeitendes Hochschuldidaktikes Zentrum Sachsens (HDS).

Mit dieser Zielrichtung lassen sich die Erkenntnisse der vorausgehenden Analysen in vier Ansatzpunkte für Unterstützungsmaßnahmen übertragen, die das informelle Lernen Studierender fördern, Kompetenzen zur Nutzung von Social Software durch Schulungsmaßnahmen vermitteln helfen, individuelle Lernprozesse mit vorkonfigurierten Tools, wie PLEs oder Studierendenportalen, unterstützen sowie den Austausch von Ressourcen informellen Lernens mithilfe von Onlineplattformen fördern. Diese Ansatzpunkte betreffen die folgenden vier Bereiche:

1. Social-Software-Schulungen
Viele Studierende nutzen bereits Social Software, wählen die entsprechenden Angebote aber kaum zielgerichtet für Lernprozesse aus und setzen sie entsprechend ein. Um die Kompetenz der Studierenden im Umgang mit den bekannten, aber auch weniger bekannten (und dennoch sehr leistungsfähigen) Anwendungen zu fördern, können Hochschulen hier mit entsprechenden Schulungsmaßnahmen ansetzen, für die ein umfassendes Konzept entwickelt wurde (Kap. 5.1 und Anhang, Kap. 8.1). Damit werden zum einen die Studierenden befähigt, Social Software für Lernprozesse einzusetzen, zum anderen wird die Grundlage für eine genügend große Nutzerbasis und die nachhaltige Nutzung entsprechender Anwendungen gelegt.

2. Vorkonfiguration Persönlicher Lernumgebungen/E-Portfolios
Persönliche Lernumgebungen haben sich in der Recherche und den Befragungen als besonders geeignete Social-Software-Anwendungen zur Unterstützung des informellen Lernens herausgestellt, da sie einerseits hochgradig personalisierbar sind, andererseits aber auch die Möglichkeit einer zentralen Gestaltung und Unterstützung bieten. Gerade die Form einer vorkonfigurierten PLE bietet sich an, um Studierenden den Einstieg in die Nutzung dieses Tools zu erleichtern und ihnen passgenaue, auf die jeweiligen Phasen ihres Studiums abgestimmte institutionelle Informationen anzubieten. Bereits diese institutionellen Informationen können aus dem formalen (z.B. Lehrpläne) wie auch dem informellen Bereich stammen (z.B. studentische Gruppen, Mensainformationen), darüber hinaus erlauben PLEs die Einbindung weiterer, aus persönlicher Sicht sinnvoller Informationsquellen und Onlineanwendungen. In gewisser Hinsicht gilt dies auch für E-Portfolio-Plattformen, sofern diese nicht eng an formale Lehr-/Lernkontexte angebunden sind. Die Vorkonfiguration entsprechender Plattformen auf Basis der E-Portfolio-Software Mahara oder der externen Plattform Netvibes (wie in Kap. 5.2 beschrieben) entspricht dem Wunsch nach Personalisierbarkeit und Anpassung an individuelle Bedarfe, bietet aber auch Möglichkeiten der Vernetzung und des Angebots von institutionellen Informationen durch die Hochschule.

3. Einrichtung eines personalisierten Studierendenportals

Personalisierte Studierendenportale entsprechen in gewisser Weise Persönlichen Lernumgebungen, stellen allerdings ein Äquivalent aus stärker institutioneller Perspektive dar. Die Gestaltungshoheit liegt hier stärker auf Seiten der Hochschule, die einzelnen Nutzer können allerdings in einem gewissen Rahmen individuelle Anpassungen vornehmen. Dafür lassen sich Informationen aus allen Bereichen der Hochschule besser integrieren und mit den persönlichen Informationen verknüpfen. Diese Unterstützungsmaßnahme stellt insofern eine Variante zu den PLEs dar, als sie den Hochschulen, aber auch den Studierenden den Übergang vom bisherigen Angebot eines zentralen Systems zu einem stärker individuell gestaltbaren System erleichtert. Wie ausführlicher in Kapitel 5.3 beschrieben, stehen für die Einrichtung personalisierter Studierendenportale – wie auch für Angebote von PLEs – standardisierte und erprobte Anwendungen zur Verfügung, so dass nur Anpassungsleistungen vorzunehmen sind.

4. Einrichtung umfassender Repositorien auf Basis von Web 2.0 bzw. mit der Nutzung von Social-Software-Werkzeugen zur Sammlung von Ressourcen

Mit dem letzten Ansatzpunkt wird schließlich der Aspekt der Vernetzung von Informationen über unterschiedliche Bereiche und Phasen des Lernens an Hochschulen hinweg aufgegriffen. Diese Maßnahme erfordert die stärkste Abstimmung mit der Institution, da für den Aufbau eines Repositoriums neben den Nutzern auch eine kritische Masse an Anbietern von Informationen existieren muss. Auf der anderen Seite erleichtern Social-Software-Technologien den Aufbau von und den Zugriff auf solche Repositorien, die in besonderem Maße auch die Nutzung über unterschiedliche Phasen, Communities und Kontexte hinweg erlauben und damit für die Unterstützung des informellen Lernens besonders gewinnbringend sind (Kap. 5.4).

In den folgenden Kapiteln wird jeweils zunächst dargelegt, wie die einzelnen Maßnahmen konzipiert sein können. Anschließend werden unter Zuhilfenahme von Fallbeispielen Empfehlungen für die Einführung der einzelnen Social-Software-Maßnahmen an Hochschulen (Distributionsszenarien) formuliert. Dabei lassen sich grundlegend zwei Vorgehensweisen unterscheiden: top-down-Ansätze, bei denen übergeordnete Stellen federführend bei der Umsetzung einer Maßnahme für die gesamte Hochschule sind, und bottom-up-Ansätze, bei denen die Einführung der Maßnahmen auf untergeordneter Ebene erfolgt und sich dann ausbreitet. Welche Vorgehensweise sich für welches Szenario mit welcher Reichweite empfiehlt, wer in die Implementierung eingebunden werden sollte sowie mit welchem zeitlichen Umfang ungefähr gerechnet werden muss, wird in den jeweiligen Distributionsszenarien näher erläutert.

Um möglichst viele Nutzer zu gewinnen und die einzelnen Maßnahmen auf diese Weise nachhaltig an den Hochschulen zu verankern, müssen diese an den Hochschulen bekannt gemacht werden. Aus diesem Grund widmet sich ein weiterer Abschnitt den Zielgruppen, die bei der Öffentlichkeitsarbeit angesprochen werden müssen, der Art und Weise der Kommunikation sowie den verschiedenen Kommunikationskanälen, die hierfür genutzt werden können.

Abschließend erfolgt jeweils ein Überblick über den personellen, organisatorischen und finanziellen Aufwand, der mit der Einführung, Betreuung und Qualitätssicherung der einzelnen Maßnahmen in Zusammenhang steht.

5.1 Durchführung von Schulungen (Autoren: Anja Weller und Christian Pentzold)

Das im Projekt „Learner Communities of Practice" erarbeitete Schulungskonzept wurde so konzipiert, dass es in drei unterschiedlichen Varianten an der jeweiligen Hochschule umgesetzt werden kann. Auf diese Weise passt sich das Konzept flexibel an den jeweiligen Schulungskontext an und kann zudem an verschiedenen Stellen in der universitären Lehre eingesetzt werden.

Tabelle 1: Formen des Schulungskonzeptes

Schulungsform	Dauer der Schulung	Aufbau der Schulung
A – Seminar	Semesterbegleitendes Seminar mit 13 Sitzungen	Blended-Learning-Angebot mit 8 Präsenzsitzungen und 5 Selbstlernphasen
B – Blockseminar	Findet in einem Zeitraum von einem Monat statt und beinhaltet einen Präsenztag zu Beginn und einen weiteren am Ende des Monats	Blended-Learning-Angebot mit zwei versetzten Präsenztagen; der Zeitraum zwischen den Treffen beträgt einen Monat und beinhaltet die Selbstlernphase
C – Informationsveranstaltung	Dreistündige Informationsveranstaltung	Einmalige Informationsveranstaltung ohne Selbstlernphase

Die empfohlene Schulungsform stellt dabei das Seminar dar. Dieses vermittelt umfassend deklaratives, prozedurales und konditionales Wissen und gewährleistet so die Erreichung aller Lehrziele sowie die Umsetzung der didaktischen Prinzipien der Schulung.

In diesem Kapitel werden das Schulungskonzept erläutert sowie Empfehlungen zur Einführung von Schulungen zu Social Software an Hochschulen gegeben. Die kompletten Schulungsmaterialien, mit deren Hilfe eine sofortige Umsetzung möglich ist, finden sich im Anhang (vgl. Kap. 8.1). Ebenfalls im Anhang (Kap. 8.2) ist eine kompetenz- und anforderungsbasierte Übersicht über Social-Software-Tools und (Lern-)Ressourcen enthalten. Hier werden studienrelevante Anforderungen zunächst systematisch den drei Ebenen Methodenkompetenz, Sozialkompetenz und Informations-/Wissenskompetenz zugeordnet, die weitere Ausdifferenzierung erfolgt dann nach einzelnen Techniken, Methoden zu deren Vermittlung, geeigneten Social-Software-Tools sowie Links zu weiterführenden Lernressourcen. Diese umfassende Zusammenstellung ermöglicht die systematische Planung eigener kompetenzvermittelnder Schulungen.

5.1.1 Konzeption

5.1.1.1 Didaktisches Konzept

Das Lernparadigma für das vorliegende Schulungsangebot ist der Konstruktivismus. Der Wissenserwerb soll durch einen aktiven Prozess der Studierenden vollzogen werden, weshalb von einer lernerorientierten Unterstützung des Wissensaufbaus gesprochen werden kann (vgl. Pachner 2009, S. 67). Im Seminar stehen demnach handlungsorientierte Methoden im Vordergrund. Die Aktivität der Studierenden soll durch die Bewältigung der Aufgaben in Einzelarbeit und Gruppenarbeit mit dem Thema Social Software angeregt werden. Diese Aufgaben beinhalten die konkrete Anwendung der Social-Software-Tools und sollen die Studierenden realitätsnah an deren Funktionsweisen heranführen, um so den Transfer des Wissens für spätere Anwendungen zu gewährleisten (vgl. Pachner 2009, S. 67). Ein nachhaltiger Wissenserwerb soll die Studierenden dazu befähigen, die vorgestellten Tools auch in anderen Kontexten einzusetzen. Die Aufgabendarstellung erfolgt nicht sequentiell vom ‚Einfachen zum Komplexen‘, sondern deren Anordnung geschieht gemäß dem konstruktivistischen Ansatz, dass zunächst eine Gesamtstruktur konstruiert wird, die anschließend in den einzelnen Sitzungen an Schärfe gewinnt (vgl. Thissen 1997, S. 77).

Ein sensibler Aspekt liegt in der Frage, ob und in welcher Form Studierende aufgefordert werden sollen, sich bei unterschiedlichen Anwendungen zu registrieren. Verpflichtend für die Seminarteilnahme sollten derartige Anmeldungen nur in Wahlpflicht-Angeboten gemacht werden, wo es Studierenden auch möglich ist, alternative Veranstaltungen zu wählen. Die Bereitschaft für die Anmeldung bei Social-Software-Diensten sollte bereits in der Ankündigung der Schulung explizit als Voraussetzung für die Teilnahme genannt werden. Selbstredend muss die Einrichtung der Accounts durch die Leiter der Schulung bzw. des Seminars gut betreut und durch Hinweise zu Datenschutz und Anonymität begleitet werden. Für Anwendungen, die nicht intensiver genutzt, sondern lediglich vorgestellt bzw. getestet werden sollen, können alternativ oder auch ergänzend

Testaccounts für die Seminargruppe durch die Leiter eingerichtet werden, deren Logins dann an die Studierenden weitergegeben werden.

Die konkreten Inhalte, welche in der Schulung bearbeitet werden sollen, sind dynamisch. Dies bedeutet, dass mit dem Schulungskonzept eine fundierte Struktur geliefert wird, die inhaltlich sehr flexibel ist. Die Inhalte der einzelnen Sitzungen können auf diese Weise entsprechend den Bedürfnissen der Teilnehmer und den situativen Bedingungen angepasst werden. Das erleichtert den Wissenstransfer in Hinblick auf neue Anforderungen in kommenden Studienphasen und ermöglicht eine Anpassung bisheriger Social-Media-Nutzungsgewohnheiten an den Lernkontext. Die Umsetzung des Schulungsangebotes erfolgt durch ein Blended-Learning-Szenario (Form A und B). Auf diese Weise kann eine an den Lernenden orientierte Lernumgebung geschaffen werden, die sich an die jeweiligen Anforderungen in der Studieneingangsphase anzupassen vermag. Die Schulung ist gekennzeichnet durch Präsenz- und Selbstlernphasen. Aufgrund der Gefahr der Überforderung der Studierenden in den Selbstlernphasen sind diese so angeordnet, dass sich die Lernenden nie länger als zwei Wochen in einer solchen Phase befinden (vgl. Reinmann-Rothmeier 2001, S. 9).

Nikolopoulos (2010) stellt drei Ausprägungsstufen von Blended-Learning-Szenarien vor, in denen der Anteil der E-Learning-Angebote unterschiedlich stark ist. So unterscheidet er zwischen dem Anreicherungskonzept (E-Learning-Angebote reichern die Präsenzphasen an), dem Integrationskonzept (Abstimmung der Präsenz- und Onlinephasen) und dem Virtualisierungskonzept (Sitzungen finden größtenteils online statt). Das verwendete Schulungsmodell lässt sich in der mittleren Ausprägungsstufe des Einsatzes von E-Learning-Angeboten – dem Integrationskonzept – einordnen.

5.1.1.2 Inhalte und Lehrziele des Schulungskonzeptes

Durch das Schulungskonzept soll das informelle Lernen Studierender in der Studieneingangsphase mittels Social-Software-Tools gefördert werden. Wie in Abschnitt 3.4 erläutert, haben die Ergebnisse der Fokusgruppen gezeigt, dass es unter den Studierenden ein Informationsdefizit in Bezug auf die Nutzung von Social Software für das Studium gibt, obwohl das Interesse an diesen Tools sehr groß ist. Das Konzept wurde zudem für Studienanfänger erstellt, da diese zum einen wenige Kenntnisse über die Funktionsweisen und Anwendungsmöglichkeiten von Social-Software-Tools besitzen, zum anderen in dieser Studienphase von Studierenden eine große Anzahl von Anforderungen parallel bewältigt werden muss.

Das Schulungskonzept verfolgt drei Hauptziele:

1. Bewältigung von Anforderungen in der Studieneingangsphase mittels Social-Software-Tools: Die Studierenden formulieren hierfür selbst Themenkomplexe, innerhalb derer sie konkrete Anforderungen mithilfe von Social-Software-Tools bearbeiten. Dabei steht den Studierenden ein Katalog von Social-Software-Tools zur Verfügung. Je nach aktueller Anforderung können die Studierenden geeignete Tools auswählen und anwenden.

2. Förderung des informellen Lernens mittels Social-Software-Tools: Informelle Lernprozesse werden durch die Nutzung und konkrete Anwendung der Tools entsprechend dem jeweiligen individuellen Lernbedarf der Studierenden gefördert.

3. Nachhaltiger Einsatz der Social-Software-Tools während des Studiums und darüber hinaus: Auch dieses Hauptziel wird durch die individuelle Anwendung der Social-Software-Tools erreicht. Aufgrund des Einbezugs aktueller Anforderungen aus dem Studienalltag lernen die Studierenden die Vielfalt der Anwendungsmöglichkeiten in unterschiedlichen Situationen kennen. Sie werden darauf geschult, selbstständig Tools zu wählen und damit ihre Aufgaben zu erledigen (Erpenbeck/Sauter 2007, S. 158).

5.1.1.3 Beispielhafter Aufbau und Ablauf des Seminars

An einem beispielhaften Seminarablauf lässt sich verdeutlichen, wie diese Ziele praktisch umgesetzt werden können. Das Modellseminar beinhaltet 13 Einheiten (je 2 SWS), wovon acht Sitzungen als Präsenzsitzungen und fünf als Selbstlernphasen geplant sind (vgl. Tabelle). Es finden nie mehr als zwei Selbstlernphasen in direkter Folge statt, so dass die Motivation der Seminarteilnehmer aufrechterhalten wird und der Seminarleiter stets zeitnah in einer anschließenden Präsenzsitzung Feedback geben kann.

Sitzungs-nr.	Sitzungsthema	Präsenz (P)/ Selbstlernphase (S)
1	Einführung, Übersicht, Erwartungen	P
2	Grundlagen: Social-Software-Tools	P
3	Recherchemethoden mit Social-Software-Tools	S
4	Einführung in Nutzung von Wikis, Blogs, Community-Portalen	P
5	Nutzung von Wikis, Blogs, Community-Portalen	S
6	Zeitmanagement mit Social Software	P
7	Einrichtung einer Personal Learning Environment (PLE)	P
8	Einrichtung einer Personal Learning Environment (PLE)	S
9	Persönliches und kollaboratives Kommunikations-management sowie Netzwerkmanagement	P
10	Persönliches und kollaboratives Wissensmanagement	S
11	Vorbereitung der Präsentation der Ergebnisse	S
12	Präsentation der Ergebnisse	P
13	Datenschutz und Gefahren sowie Seminarevaluation	P

5.1.1.4 Allgemeine Hinweise zu den Aufgaben

Im Folgenden werden einige Hinweise zu den Aufgaben sowie Empfehlungen für die Schulung gegeben. Außerdem werden die einzelnen Sitzungen der Schulungsform A und die dazugehörigen Inhalte vorgestellt.

Die Aufgaben innerhalb der einzelnen Sitzungen sind bereits allgemein vorformuliert, jedoch müssen diese zu Beginn der Schulung auf die aktuellen Anforderungen der Studierenden bezogen werden. Die Inhalte der Aufgaben werden so durch die Studierenden selbst bestimmt. Die Aufgabenliste ist demnach so umzuformulieren, dass die zuvor festgelegten Themen behandelt werden. Grundsätzlich ist es denkbar, dass der gesamte Kurs ein aktuelles Thema behandelt. Je nach Seminargröße können sich auch Kleingruppen bilden, die verschiedene Gegenstände bearbeiten. Die Studierenden müssen zudem aufgefordert werden, alle Erkenntnisse zum Thema innerhalb der gewählten Dokumentationsplattform festzuhalten.

Teilweise eignen sich mehrere Social-Software-Tools zur Bewältigung von Aufgabenstellungen. Solange sich die Studierenden in der Phase des Verschaffens von Überblickswissen befinden, sollten auch alle Tools ausprobiert werden.

Jedoch sollte sich die Seminar- oder Kleingruppe im direkten Umgang mit den Aufgaben jeweils auf ein Tool per Abstimmung einigen.

Regelmäßig sollte es während der Präsenztermine die Möglichkeit geben, dass sich die Teilnehmer über das Arbeiten mit den verschiedenen Tools austauschen und darüber berichten können.

Die Schulungsformen A und B müssen in einem PC-Pool oder anderen geeigneten Kontexten stattfinden, so dass die Tools bereits im Seminar ausprobiert und Aufgaben bearbeitet werden können. Für den Großteil der Aufgaben wird ein Computer mit einem Internetanschluss benötigt. Zusätzliche Programme auf den PCs werden durch die Verwendung von kostenlosen Online-Social-Software-Tools nicht benötigt.

Eine weitere Empfehlung betrifft die Bereitstellung der Lernressourcen (Klassifikationstabelle Social-Software-Tools, Linklisten etc.). Die Ressourcen für das Seminar sollten vorab zumindest innerhalb einer Lernplattform bereitgestellt werden. Günstiger ist die Erstellung einer Online-Community (z.B. Ning.de), die als Zielgruppe die Seminargruppe hat. Somit arbeiten die Studierenden von Beginn an mit einem Social-Software-Tool und lernen erste Funktionsweisen kennen. Reflexionen über die Tools können innerhalb der Community festgehalten werden (Blogbeitrag, Wikieintrag etc.). Die Online-Community kann zudem für folgende Kurse genutzt werden. Denkbar ist dabei das Wachstum der Community von Seminarteilnehmenden, die sich auch nach Ende des Kurses über die Tools austauschen können.

5.1.2 Strategische Empfehlungen für die Einführung von Schulungen

5.1.2.1 Distributionsszenario

Aufgrund des besonderen Fokus auf Studienanfänger empfiehlt sich eine Verankerung des Schulungskonzepts in Prozessen und Strukturen des ersten Semesters. Um dabei kontinuierlich möglichst viele Teilnehmer zu gewinnen ist zugleich auf die Offenheit des Schulungsangebots für Studierende aller Semester sowie Hochschulmitarbeiter zu achten.

Zum Aufbau einer nachhaltigen Akzeptanz des Schulungsangebots sollte sich die Schulung innerhalb eines Lernprozesses befinden, für den die Studierenden ECTS-Punkte erhalten. Belegt wird dies durch eine Untersuchung der Universität Augsburg: „Die Tendenz besteht, generell Kurse zur Förderung von Informationskompetenz nur dann zu belegen, wenn sie im Regelstudium angerechnet werden können. Ist dies nicht der Fall, ist die Akzeptanz dieser Kurse gering, auch wenn die Bedeutung von Informationskompetenz als hoch eingeschätzt wird" (Heinze/Schnurr 2009, S. 7). Infolgedessen ist eine

Einbettung in verpflichtende studienbegleitende Maßnahmen – wie beispielsweise die AQUA-Angebote (Allgemeine Qualifizierung) der TU Dresden oder das Studium Generale/Fundamentale der Hochschulen Chemnitz und Zittau/Görlitz – empfehlenswert. Wenn es das Curriculum der Studiengänge erlaubt, kann die Schulung auch durch gezielte Anpassung einzelner Modulinhalte verankert werden. Als Beispiel sei das Modul „Arbeit mit Projekten" der Hochschule für Telekommunikation Leipzig (http://www.hft-leipzig.de/stgdb/index.php?stg_id=6) genannt. Einige Lehrinhalte, wie die Formung sozialer und methodischer Kompetenzen, stimmen hierbei mit den grundsätzlichen Schulungszielen bereits überein. Darüber hinaus bietet sich ein Angebot von Schulungen in Form von Seminaren sowie als Workshop durch die Career Center und E-Learning-Service-Einrichtungen der Hochschulen an. Ebenso ist eine Einbindung von Social-Software-Schulungsthemen in existierende Informationsveranstaltungen und Kurse zum Thema „Wissenschaftliches Arbeiten" sowie in Bibliothekschulungen an den jeweiligen Hochschulen vorstellbar.

5.1.2.2 Öffentlichkeitsarbeit

Das Angebot von Social-Software-Schulungen sollte problemorientiert kommuniziert werden mit Bezug auf die Herausforderungen, mit denen sich die Studierenden in ihrem Studienalltag konfrontiert sehen. Beispielsweise können konkrete Herausforderungen, die direkt angesprochen werden, im Bezug zur formalen Studienorganisation, zur Wohnungssuche, zur Strukturierung des privaten Alltags, beim Knüpfen von Kontakten sowie in der fachlichen Bewältigung des Studiums zu finden sein. Um bei fortgeschrittenen Studierenden Interesse an Social-Software-Schulungen zu wecken, kann auch darauf hingewiesen werden, dass es hier weniger um die Vermittlung von studiengangsspezifischem Fachwissen geht, sondern Arbeitsmethoden und Kompetenzen im Vordergrund stehen, die auch im weiteren Arbeitsleben eine Rolle spielen (vgl. Kap. 2.2 zur Ausgangslage).

Informationen zu Social-Software-Schulungen können etwa über die Webseite des jeweiligen Studiengangs kommuniziert werden. Die Möglichkeit, hier Aktualisierungen über RSS abonnieren zu können, erleichtert dabei eine kontinuierliche Information über Schulungsangebote. Auch das Web 2.0 selbst kann als Kommunikationskanal genutzt werden, etwa über den Auftritt der Hochschule oder einer ihrer Struktureinheiten in einem Sozialen Netzwerk (z.B. Facebook).

5.1.2.3 Aufwand und Kosten

Unabhängig von der Schulungsform ist im Regelbetrieb mit einem personellen Aufwand von 1/8 LBA (Lehrbeauftragte für besondere Aufgaben, TV-L 13) auszugehen. Als Unterstützung sollte eine studentische Hilfskraft für mindestens 15 Stunden im Monat zur Verfügung stehen. Darin enthalten sind alle Aufwände für die Vorbereitung, Durchführung und Nachbereitung der Schulung. Jedoch werden sich diese zeitlichen Aufwände zumindest in den ersten Durchläufen um schätzungsweise 50% vergrößern, wenn der Lehrbeauftragte ebenfalls für die Öffentlichkeitsarbeit, insbesondere die kontinuierliche Akquise neuer Teilnehmer verantwortlich ist. Zeitliche Synergien aufgrund wiederkehrender Arbeitsabläufe werden sich in allen Schulungsphasen und Phasen der Öffentlichkeitsarbeit nach mehreren Durchgängen einstellen.

Zusätzliche Sachkosten entstehen bei der Umsetzung des Schulungskonzepts in vernachlässigbarem Maß. Der Hauptanteil kann mit Eigenmitteln der Hochschule realisiert werden, beispielsweise durch Einsatz der Arbeitsplatzausstattung der Lehrkraft, die Nutzung bestehender PC-Pools für Schulungsteilnehmer, die Ressourcen des Campusnetzes.

Zur Qualitätssicherung des Schulungsangebots stehen vielfältige Möglichkeiten zur Verfügung. Zum einen könnten bereits standardisierte Lehrevaluationen an den Hochschulen existieren. Ist dies nicht der Fall, kommen in Abhängigkeit vom jeweiligen Schulungsszenario Evaluationsfragebögen (online oder Papier) sowie mündliche Auswertungsgespräche am Ende der Schulung infrage. Gleichfalls kann durch ein Projekt Feedback über die Wirksamkeit der Schulung gegeben werden. Mit Blick auf die Öffentlichkeitsarbeit empfiehlt es sich, besonders positive Erfahrungsberichte und Aussagen z.B. in einem Weblog abschließend zu veröffentlichen.

Die zuverlässige und regelmäßige Wiederkehr des Schulungsangebots ist elementar für seine nachhaltige Verankerung. Zum einen verbessert das regelmäßige Einfließen von Schulungs- und Evaluationsergebnissen die Qualität und Aktualität der Schulungsinhalte. Zum anderen wird sich die Schulung besser und schneller in den Hochschulprozessen festigen, je öfter sie stattfindet. Andernfalls bleiben auch die zuvor genannten Synergieeffekte aus.

5.2 Einrichtung einer Persönlichen Lernumgebung (PLE)/ E-Portfolio-Plattform

Ein Mehrwert des Einsatzes von Social Software zur Unterstützung informellen Lernens entsteht vor allem im kombinierten Einsatz verschiedener Social-Software-Werkzeuge. Diese können, wie in Abschnitt 5.1 beschrieben, in einer

Persönlichen Lernumgebung (PLE) zusammengefasst werden. Hochschulen können und sollten ihre Studierenden beim Aufbau einer solchen Lernumgebung unterstützen. Insbesondere vor dem Hintergrund der empirischen Befunde zu informellem Lernen im Studienverlauf mit seinen wechselnden Anforderungen in unterschiedlichen Studienphasen (Kap. 3.4) kann das Angebot einer PLE durch Hochschulen genutzt werden, um den Studierenden an den jeweiligen Studienstand angepasste Angebote und Vorschläge zu machen. Zudem können unterschiedliche Angebote der Hochschule über eine PLE gebündelt werden. Dieses Kapitel kombiniert den Ansatz einer PLE mit der Einführung einer E-Portfolio-Plattform am Beispiel der Software Mahara. Wie im Kapitel 4.2.5 und 4.3.4 deutlich wurde, hat der Einsatz von Portfolios stets eine enge Anbindung an formale Lehr-/Lernsettings. Vor allem in Form von Reflexions-Portfolios stellen selbige aber auch einen Ort der selbstständigen Sammlung, Ordnung und Kombination von unterschiedlichen Ressourcen und Inhalten dar. In diesem Sinne kann ein Portfolio auch aus Perspektive einer Persönlichen Lernumgebung betrachtet werden, wie insbesondere im Abschnitt 5.2.2 weiter ausgeführt wird.

5.2.1 Die Plattformen Netvibes und Mahara im Vergleich

Für den konkreten Einsatz von PLEs an Hochschulen kann zwischen hochschulintern betriebenen Plattformen wie z.B. der E-Portfolio-Software Mahara (u.a. an der Universität Leipzig betrieben) oder Angeboten Dritter (z.B. Netvibes) gewählt werden. Nutzungsszenarien für beide Fälle werden im Folgenden gegenüber gestellt.

Den hier beschriebenen Onlineplattformen Netvibes und Mahara liegen unterschiedliche Konzepte und Herangehensweisen zugrunde. Entsprechend eignen sich beide in unterschiedlichem Maße und unterschiedlicher Art und Weise für die Einrichtung einer Persönlichen Lernumgebung bzw. das Erstellen eines E-Portfolios. Während Netvibes die individuelle Gestaltung einer PLE unterstützt, liegen die Stärken von Mahara insbesondere im Portfolio- und Community-Bereich, wo es mithilfe der integrierten Community-Funktion die Entstehung und Integration hochschuleigener Communities sowie die Alumni-Arbeit unterstützen kann. Vor allem wenn die Plattform durch ein hochschulunabhängiges Login über das Studium hinaus nutzbar bleibt, kann es gelingen, Studierende bzw. Absolventen langfristig an die Hochschule zu binden.

Als E-Portfolio kann Mahara die Studierenden bei der Dokumentation und Reflexion des Gelernten unterstützen. Ein Potenzial liegt hier zudem in der Unterstützung von Onlinebewerbungen mit einem persönlichen Portfolio zu Biographie, Kompetenzen usw. Die Möglichkeit, zeitgesteuert externe Zugriffe auf das E-Portfolio zu erlauben, d.h. Informationen für Einzelpersonen oder

Personengruppen auf Dauer bzw. für einen bestimmten Zeitraum zugänglich zu machen, ist vor allem für Online-Bewerbungen und Präsentationen, aber auch für die Interaktion mit Lehrenden und anderen Studierenden von Vorteil. Mahara-Nutzer können sich so selektiv selbst präsentieren, indem sie biografische und berufliche Informationen gezielt freigeben. Darüber hinaus bietet Mahara Unterstützung bei der effizienten Verwaltung von Daten. So können Ordner erstellt und Dateien hochgeladen werden. Die Verwendung von Schlagworten (Tags) erleichtert das Wiederauffinden gespeicherter Ressourcen. Das E-Portfolio-System verfügt außerdem über eine eigene Blogfunktion, die etwa zum Führen eines Online-Journals genutzt werden kann.

Sowohl im Community- als auch im Portfolio-Bereich bietet Mahara als hochschuleigene Plattform den Vorteil hoher Datensicherheit. Dies ist vor allem dann von Bedeutung, wenn sensible Daten, wie sie etwa in einer Bewerbung enthalten sind, auf der Plattform gespeichert werden. Zugleich ist es aber aufgrund dieser Sicherheitsanforderungen nicht möglich, beliebige formatierte Inhalte (z.B. auf Basis von Java-Script) in das E-Portfolio bzw. die Persönliche Lernumgebung einzubinden. Hierfür müssten zunächst jeweils spezielle Widgets durch die Hochschule erstellt werden. Dieser Nachteil macht sich vor allem dann bemerkbar, wenn die E-Portfolio-Plattform als Persönliche Lernumgebung genutzt werden soll, da von den Studierenden nur ein begrenzter Bereich von Inhalten und Social-Software-Anwendungen eingebunden werden kann. Wesentlich einfacher ist hier der Einsatz einer Social-Software-Anwendung wie Netvibes, welche unmittelbar die Integration beliebiger Inhalte in die Persönliche Lernumgebung erlaubt.

Da es sich bei Netvibes um einen externen Social-Software-Anbieter handelt, bietet die Plattform gegenüber Mahara auch Vorteile hinsichtlich des notwendigen personellen Betreuungsaufwands. So muss keine Software auf den Servern der Hochschule installiert und aktualisiert werden und die notwendigen Widgets zur Integration von Inhalten und Ressourcen sind bereits verfügbar. Lediglich die vorkonfigurierte Startseite muss eingerichtet und regelmäßig etwa auf fehlerhafte Links kontrolliert werden. Etwas aufwendiger könnte allerdings die Schaffung von Schnittstellen zwischen LMS und PLE sein. An dieser Stelle erscheint die Möglichkeit einer unmittelbaren Integration der Lernplattform Moodle als herausragender Vorteil des Einsatzes von Mahara als PLE- bzw. E-Portfolio-Plattform. Die Schaffung von Schnittstellen zwischen Lernplattform und dem gewählten System bleibt daher, egal, für welche Plattform eine Hochschule sich entscheidet, die wichtigste Aufgabe, um so das informelle Lernen der Studierenden mit einer Persönlichen Lernumgebung/einem E-Portfolio wirksam zu unterstützen.

5.2.2 Konzeption

Mahara

Seit Juni 2010 wird die E-Portfolio-Software Mahara an der Universität Leipzig eingesetzt. Sie wurde nach einem Jahr von ca. 3.000 Studierenden genutzt (Stand: Juni 2011). Die Installation kann von allen Mitgliedern sächsischer Hochschulen genutzt werden (die Anmeldung erfolgt mit dem eigenen Hochschullogin über die Lernplattform Moodle an der Uni Leipzig). Über ein Single Sign-on mit dem Lernmanagementsystem Moodle wird eine enge Kopplung zwischen eigenen Portfolios, Moodle-Kalender und eigenen Kursen gewährleistet. Die folgenden Nutzungsszenarien mit dem E-Portfoliosystem Mahara berücksichtigen die Studienanfangsphase und den weiteren Verlauf des Studiums mit typischen Aufgaben des wissenschaftlichen Arbeitens, zum Beispiel im Kontext einer Seminar- oder Abschlussarbeit mit einer gesondert dargestellten Nutzung in der Recherchephase. Ein weiteres Szenario widmet sich der Endphase des Studiums, insbesondere der Bewerbung um einen Arbeitsplatz mit Unterstützung durch ein E-Portfolio. Nicht berücksichtigt wurden der Übergang von der Schule in die Hochschule sowie die Alumni-Phase, da die betreffenden Personen zu diesem Zeitpunkt noch keinen Zugang bzw. keinen Zugang mehr zur Software Mahara haben.

Netvibes

Der Aufbau einer Persönlichen Lernumgebung mithilfe der Open-Source-Anwendung Netvibes (www.netvibes.com) wurde an der TU Dresden im Rahmen eines Seminars im WS 2010/2011 mit Studierenden erprobt. Die Nutzung von Netvibes erfordert zunächst die Einrichtung eines persönlichen Accounts auf der Plattform. Anschließend können verschiedene persönliche Startseiten erstellt werden, in die mithilfe von Widgets Inhalte wie z.B. Social-Software-Anwendungen oder RSS-Feeds eingebunden werden können. Für die passenden Widgets verfügt Netvibes über eine eigene Widget-Suche. Integrierbar sind einerseits Dienste, die direkt von der Plattform Netvibes zur Verfügung gestellt werden, wie Wetter- oder Uhrzeit-Widgets, und andererseits externe Social-Software-Anwendungen wie Social-Bookmarking-Tools, Online-Kalender oder persönliche Accounts Sozialer Netzwerke (Facebook, Linkedin usw.). RSS-Feeds ermöglichen zudem die Einbindung von Aktualisierungen von Webseiten oder -blogs. Aber auch die flexible Einbettung von Videos, Präsentationen und anderen Medien kann über HTML-Widgets erfolgen. Eine Vielzahl von zum Teil flexibel einsetzbaren Widgets erlaubt Studierenden so die Einrichtung einer an ihren persönlichen Studiumsalltag und seine Herausforderungen angepassten Persönlichen Lernumgebung. Wie eine Persönliche Lernumgebung zunächst für Studienanfänger aussehen und sich im Laufe des Studiums verändern kann, soll im Folgenden an zwei Nutzungsszenarien zu Studienbeginn und im späteren Studiumsverlauf gezeigt werden.

5.2.2.1 Nutzungsszenario: Studienbeginn

Zu Beginn ihres Studiums stehen für die Studierenden das Knüpfen von Kontakten, die fachliche Orientierung und die Studienorganisation im Vordergrund (vgl. Kap. 3). Dies sollte sich auch im Aufbau der vorkonfigurierten Persönlichen Lernumgebung widerspiegeln, die sich in der Studienanfangsphase eher auf Tools zur Kommunikation und Vernetzung konzentriert (Abb. 12 und 13). Hierfür können beispielsweise der Microblogging-Dienst Twitter und das Soziale Netzwerk Facebook eingebunden, aber auch die Community-Funktion der Plattform Mahara sowie Links zum persönlichen E-Mail-Account genutzt werden. Beispielhaft können hier Widgets zur Einbindung Sozialer Netzwerke enthalten sein, welche die Kontaktaufnahme mit den Kommilitonen erlauben. Daneben könnte zudem der Messenger-Dienst Skype eingebunden werden, etwa um die Nutzung von Online-Sprechstunden von Dozenten zu erleichtern.

Zur Unterstützung der fachlichen Orientierung und der Studienorganisation sollten RSS-Feeds der Hochschule, des Studiengangs, der Bibliothek und der Mensa sowie ein Online-Kalender integriert werden. Darüber hinaus können ein Fahrplan-Widget des ÖPNV bzw. der Deutschen Bahn sowie die Einbindung eines Stadt- oder Campus-Plans den Studienanfängern die Orientierung in der Studienstadt und auf dem Campus erleichtern. Nicht fehlen darf zudem das an der Hochschule genutzte Lernmanagementsystem (LMS) z.B. Moodle oder OPAL. Neben der Einbindung eines RSS-Feeds oder des Kurskalenders sollte auch über die Möglichkeit eines Widgets nachgedacht werden, welches es ermöglicht, sich direkt von der PLE aus am LMS anzumelden. Um dies zu ermöglichen, muss die Hochschule Schnittstellen zwischen LMS und PLE bereitstellen.

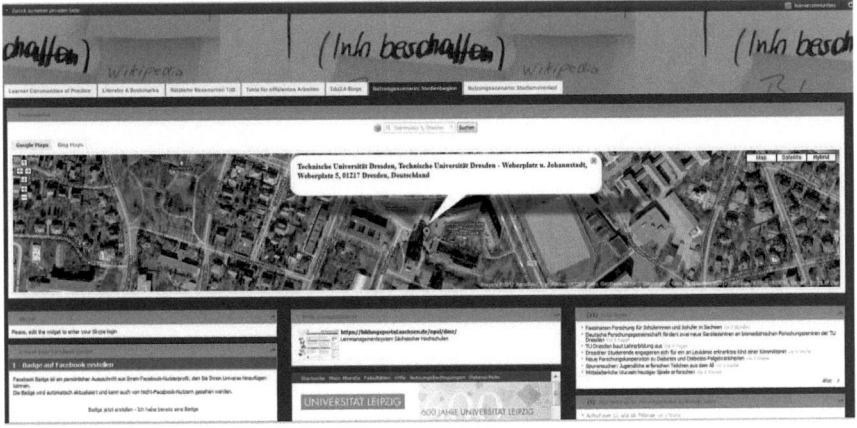

Abbildung 12: Nutzungsszenario Studienbeginn (Netvibes)

UNIVERSITÄT LEIPZIG

  600 JAHRE UNIVERSITÄT LEIPZIG

Nutzungsszenario "Studienbeginn"
Nutzungsszenario "Studieren"
Nutzungsszenario "Wissenschaftler"
Nutzungsszenario "Repositorium"

Nutzungsszenario "Studienbeginn"

Der Beginn eines Studiums an einer Hochschule ist in der Regel von drei Zielen gekennzeichnet:

1. Kontakte zu Dozenten, Studierenden und Gleichgesinnten finden (Adressen, Kommilitonen, Fachschaftsrat, Arbeitsgemeinschaften, Clubs...)
2. Die Institution Hochschule und die Stadt kennenlernen und alle notwendigen organisatorischen Abläufe begreifen lernen (Institut, Studienplan, Räume, Studentenwerk, Semesterbeitrag, Studienberatung, Uni-Card, Mensa, WG-Suche, Studentensport, Mitfahrgelegenheiten, Reiseauskunft...)
3. Studieren beginnen (Bibliotheken, meine Kurse, Lernplattform, Software, Video-Vorlesungen, Lerntagebuch...)

Lernplattform News

Mein Twitter

📄 Twitter / Favorites from MaxiMu88
Twitter updates favorited by Maxi Mustermann / MaxiMu88.
Letzte Aktualisierung am 13. Dezember 2011, 09:00

Meine Studienunterlagen

📄 Lernport...ext.docx
10,5 KB | Montag, 14. Juni 2010 | Einzelheiten

📄 passbild.png
4 KB | Mittwoch, 14. Juli 2010 | Einzelheiten

📄 Bewerbungsfoto.jpg
37,7 KB | Mittwoch, 14. Juli 2010 | Einzelheiten

Studienkontakte

Prof. Dr. Feodora Philosoph: Vorlesung Philo1, Raum 232, Tel.: ???
Dr. Harry Mittelbau: Seminar Philo2, Raum 333, Email im Moodle
Frau Brache (???): Sekretariat Philo 2233445

FSR Philog, GWZ 1.1.14, Beethovenstr. 15, Leipzig 04107, post@fsr-philog.de

Studieren

UB
Seminar Mahara auf Moodle
Mein MoodleLageplan Uni
Philo-Institut
Mensa- Speiseplan
Uni-Card
Studentensport
StudentenwerkSelbstbedienungsfunktion Uni Leipzig

Glossar aus Kurs

📄 Glossar
Glossar zu Mahara: Anleitungen, Begriffe, Funktionen, Tipps und Tricks

1. Blogs veröffentlichen
2. Nachrichten
3. Ansichten exportieren
4. Videos
5. Bewerbung für Externe

Letzte Aktualisierung am 13. Dezember 2011, 09:00

Software für das Studium

* My Googledocs
* Mindmanager
* Citavi
* Zettelkasten nach Luhmann
* Open Office

Zeit-Feed

📄 ZEIT ONLINE: ZEIT ONLINE Startseite

ZEIT ☕ ONLINE

1. Douglas Coupland: "Das Smartphone macht alle Menschen gleich"
2. Immobilienblase: Der zerplatzte Traum vom Wonderland
3. Privatgelumpel: Wulff erklärt sich zu umstrittenem Kredit
4. Das unterschätzte Tier: Wolliges Multitalent mit Trendfaktor
5. Lehrer: Wie geht es dem besten Lehrer Deutschlands ein Jahr nach der Wahl?
6. Wirtschaftskriminalität: Raiffeisen, russische Korruption und die österreichische Staatsanwaltschaft
7. Aung San Suu Kyi: Oppositionspartei in Birma wieder zugelassen
8. Assad-Regime: Zahl der Toten in Syrien laut UN auf 5.000 gestiegen
9. Euro-Rettungsfonds: FDP-Politiker Hirsch will Mitgliederentscheid untersuchen lassen
10. Klimawandel: Kanada verabschiedet sich vorzeitig von Kyoto-Vereinbarungen

Letzte Aktualisierung am 13. Dezember 2011, 09:00

Spiegel-Feed

📄 SPIEGEL ONLINE - Schlagzeilen
Deutschlands führende Nachrichtenseite. Alles Wichtige aus Politik, Wirtschaft, Sport, Kultur, Wissenschaft, Technik und mehr.

SPIEGEL ONLINE

1. "Bauer sucht Frau"-Kolumne: Auf der Suche nach einer neuen Lieblingskuh
2. Klimawandel: Kanada verabschiedet sich vom Kyoto-Protokoll
3. Aufstand gegen Assad-Regime: Uno rechnet mit 5000 Todesopfern in Syrien
4. Machtvakuum: In Libyen flammen Gefechte zwischen Milizen auf
5. 2. Fußball-Bundesliga: Remis am Spitzenspiel zwischen Frankfurt und Fürth
6. Neonazi-Terror: Richter bestätigt Haftbefehl gegen Matthias D.
7. Strommarkt: E.on schreibt drei Milliarden Euro ab

Notizblick: Nicht vergessen!

Mein Kalender

WICHTIG!!!
- Bis 12.11. unbedingt Ummeldung Wohnung!!!!!

- Formular ausfüllen und Bafog-Antrag abgeben
- Studienauswais bedrucken lassen
- Schlüssel nachmachen lassen!!!!!

- Und dann noch ein Rollo kaufen:-)

- Im Studentenwerk die Mensacard prüfen - geht nicht :(
- Reader für Praktische Philosophie kaufen! - Wo ist der Kopiershop?
- Und was ist eine "Leipziger Lärche??"

- beim FSR vorbeischauen?

- Erstiparty vom StuRa?? besuchen?

Lerntagebuch 📄

Mein Lerntagebuch soll mich das gesamte Studium über begleiten und ist nur für mich sichtbar. Hier schreibe ich die für mich persönlich wichtigen Dinge auf.

📎 Tags: Studieren, Leipzig

Zusammenfassung: erster Monat

Der Monat ist schon lange rum. Was hat sich getan?

Insgesamt war alles okay. Der Stress durch die Einschreibung ist vorbei. Die fehlenden Wahlbereiche haben sich eingefunden, sogar mein Wunschkurs ist dabei. Zur zeit nervt nur etwas das Bafög. Den Beleg und den Nachweis und bitte auch den Kontoauszug.

Toll ist echt die Mensa am Park, wenn auch etwas klein.Das Partyleben habe ich auch mal erkundet: Erstiparty vom StuRa. Lange Warteschlange, aber es hat sich gelohnt.

Zum Studium: Meine Vorlesungen sind echt voll, aber gut. Inhaltlich super interessant. Nur muss man echt viel lesen. In der Schule wurde man da nicht drauf vorbereitet. :+/

Insgesamt aber erstmal ein toller Anfang1
deposted von Maxi Musterfrau am 02. Dezember 2010, 12:13 | Kommentare (0)

Der zweite Tag

Viel Rennerei, überall lange Schlangen und dann noch die Uni-Card in der neuen Wohnung liegen gelassen - argg!
deposted von Maxi Musterfrau am 09. November

Abbildung 13: Nutzungsszenario Studienbeginn (Mahara)

5.2.2.2 Nutzungsszenario: Studiumsverlauf

Im weiteren Verlauf des Studiums erfolgen die Einarbeitung in das Studienfach sowie eine verstärkte Identifikation mit demselben. Da einige Funktionen, die bereits zum Studienbeginn wichtig waren, nicht an Relevanz verlieren werden, ist es weder notwendig noch sinnvoll, eine komplett neue PLE einzurichten. Stattdessen muss die bestehende PLE um einige Funktionen erweitert werden. So sollte die PLE nun auch typische Aufgaben des wissenschaftlichen Arbeitens wie das Schreiben von Klausuren, das Verfassen von Hausarbeiten und Referaten sowie die Arbeit in Gruppen unterstützen. Um deutlich zu machen, welche Funktionen die hier prototypisch eingeführten PLEs erfüllen und wie diese aufgebaut sein sollten, haben Studierende der TU Dresden im Rahmen des o.g. Seminars im WS 2010/2011 ihre Persönlichen Lernumgebungen graphisch dargestellt (Abb. 14).

Abbildung 14 zeigt die Skizze einer idealtypischen PLE einer Studentin im höheren Semester. Deutlich wird, dass die Persönliche Lernumgebung den gesamten Alltag der Studierenden abdecken soll. Neben Informationen mit direktem Studiumsbezug (z.B. rechts unten und Mitte) und Werkzeugen, die das wissenschaftliche Arbeiten im Studium unterstützen, wie z.B. das Literaturverwaltungstool Zotero, das Präsentationswerkzeug Prezi und das Lern-

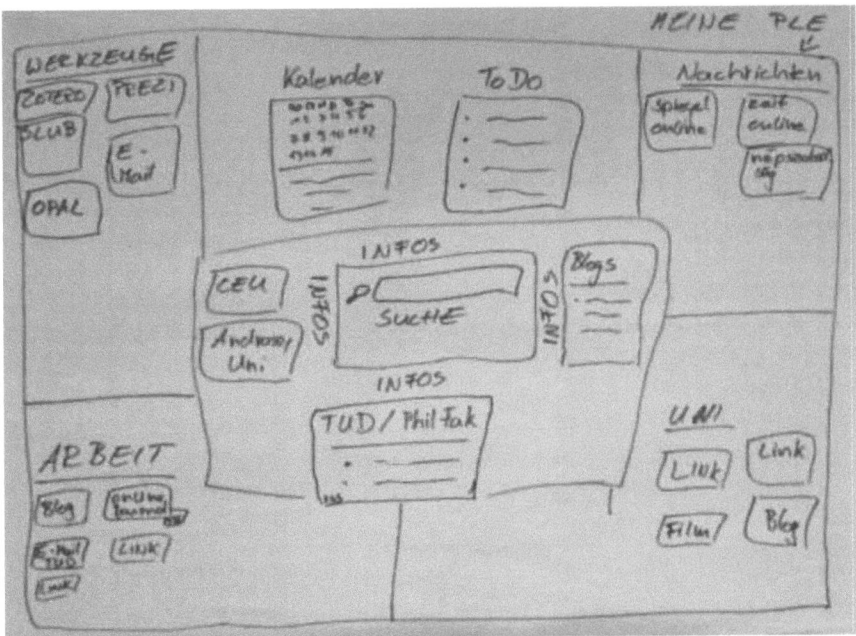

Abbildung 14: Graphische Darstellung einer PLE

managementsystem OPAL (links oben), sollten auch für Lebensbereiche außerhalb des Studiums wie z.B. Arbeit oder Freizeit relevante Ressourcen in der PLE enthalten sein (links unten und rechts oben).

Netvibes

So geartete Erwartungen an eine vielfältige Nutzbarkeit spiegelten sich auch in der konkreten Umsetzung der PLE bei Netvibes wider. So nutzten die Studierenden die Funktion, innerhalb einer Seite mehrere Tabs anzulegen, jeweils für Studium, Freizeit oder konkrete Arbeitsaufgaben wie Referats- oder Hausarbeitsthemen. Mit Blick auf spezielle Social-Software-Anwendungen wurden Literaturverwaltungstools wie Zotero als besonders hilfreich für die Literaturrecherche im Rahmen von Referaten, Hausarbeiten und Abschlussarbeiten angesehen und die Möglichkeit, eigene Linklisten als Widget in die PLE einbauen zu können, begrüßt. Alternativ ist hier auch an die Einbindung von Social-Bookmarking-Tools zu denken. Einige Studierende haben für die Recherche im Rahmen wissenschaftlichen Arbeitens auch RSS-Feeds relevanter wissenschaftlicher Blogs eingebunden. Zur Unterstützung des Zeitmanagements wurden Timer und Counter in die PLEs eingebaut.

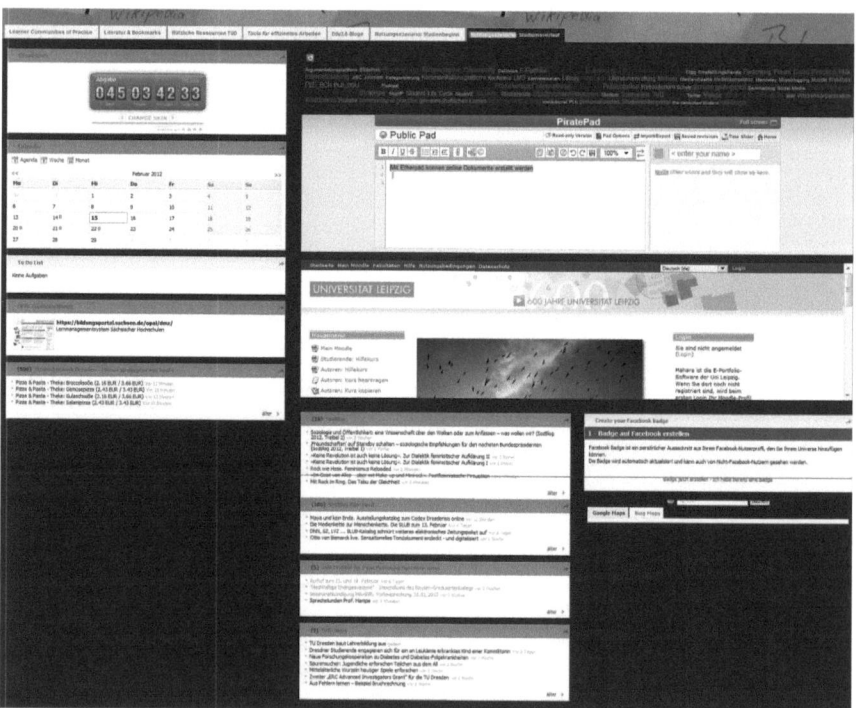

Abbildung 15: Nutzungsszenario Studienverlauf (Netvibes)

Von den Studierenden nachgefragt wurden zudem Anwendungen zum Verfassen von Texten wie Etherpad (alternativ ist auch die Einbindung von GoogleDocs möglich). Zudem wird die Wichtigkeit einer Einbindung des Lernmanagementsystems OPAL betont.

Mahara

Abbildung 16: Nutzungsszenario Studienverlauf (Mahara)

In der Persönlichen Lernumgebung mit Mahara werden für spätere Studienphasen das Lerntagebuch (Weblog), Kommunikationselemente und Linklisten beibehalten (Abb. 22). Der Nutzungsschwerpunkt der Persönlichen Lernumgebung verschiebt sich jedoch im Laufe des Studiums hin zur Sammlung von Informationen und Ressourcen. Die Einbindung von Online-Vorlesungen über den Magma-Server erscheint in diesem Zusammenhang sinnvoll. Die Erstellung eines entsprechenden Widgets ist aus technischer Perspektive unproblematisch und hätte den Vorteil, auf einer eigenen Seite sämtliche eigenen Online-Vorlesungen einbinden zu können (beispielsweise gemeinsam mit einem Notizbuch), ohne in den jeweiligen Kurs der Lernplattform wechseln zu müssen. Das eingebundene LMS ermöglicht auch weiterhin Zugang zu Informationen aus den besuchten Lehrveranstaltungen. Da das E-Portfoliosystem Mahara über einen eigenen Webspace verfügt, ist es zudem möglich, eigene Dateien oder Dokumente aus Lehrveranstaltungen in die Persönliche Lernumgebung zu übernehmen. So kann Mahara auch verschiedene Aufgaben wissenschaftlichen Arbeitens wie Recherche, Dokumentenverwaltung und Publikation unterstützen. Für das wissenschaftliche Arbeiten kommt Feed-Readern, z.B. feedly, eine besondere Rolle zu. Diese ermöglichen es, verschiedene RSS-Feeds zu abonnieren, wie etwa Einträge von für die Bearbeitung einer bestimmten Fragestellung relevanten wissenschaftlichen Blogs. Die Artikel von feedly wiederum lassen sich über die sogenannten Empfehlungen auch auf der Mahara-Seite abbilden. Darüber hinaus können verschiedene Web-2.0-Werkzeuge zum Sammeln nützlicher Ressourcen, zum Beispiel Social-Bookmarking-Dienste oder Programme zur Literaturverwaltung, in die PLE eingebunden werden.

Einen weiteren Schwerpunkt in diesem Nutzungsszenario stellt die Publikation von Ergebnissen dar. Hier besteht in Mahara zum einen die Möglichkeit, über beliebige Downloadordner eigene Texte zu verteilen (mittels Versand des Direktlinks auf den Ordner oder die Datei) oder aber einen eigenen Blog einzubinden bzw. direkt Beiträge zu veröffentlichen. Im Rahmen der Recherche nach Informationen und Literatur fungiert Mahara als Materialsammlung zu einem spezifischen Thema, welche dabei hilft, alle relevanten Informationen und Ressourcen, wie RSS-Feeds, Dokumente, Notizen, Videos usw., an einem Ort zusammenzuführen (Abb. 23).

UNIVERSITÄT LEIPZIG

▶ 600 JAHRE UNIVERSITÄT LEIPZIG

Nutzungsszenario "Studienbeginn"
Nutzungsszenario "Studieren"
Nutzungsszenario "Wissenschaftler"
Nutzungsszenario "Repositorium"

Rechercheportfolio

Dieses Portfolio beschäftigt sich mit der Erstellung der Hausarbeit zum Thema Grundlegung zur Metaphysik der Sitten.

Bild

Arbeitsportfolio Kant

In diesem Portfolio werden Dokumente, Recherchen, Referate, Gedanken und Notizen zum Hausarbeitsthema: "Kann eine Handlung die von Neigung begleitet wird, moralisch wertvoll sein? (GMS Kant)" gesammelt.

Im Rechercheprozess ist ein Wechsel der Forschungsfrage möglich.

Studienunterlagen

Inhalte:

Name	Beschreibung
Forschungsfrage.pdf	
Idee Einl...pose.pdf	
Immanuel Kant 1.pdf	
Immanuel Kant 2.pdf	
Immanuel Kant 3.pdf	
Powerpoin...latt.pdf	

Literatur

Im Download-Bereich findet sich eine Bibliografie Liste die für das Thema der Hausarbeit geeignet sind.

Die Suche erfolgte mit Google, Google Scholar aber auch mit der Datenbank der Deutschen Nationalbücherei. Weitere Literatur hab ich über den Kommentar: "Grundlegung zur Metaphysik" von Schönecker, Wood bekommen. Für die englischsprachige Literatur hat Herr Schönecker mir in einer persönlichen Email die Empfehlung für Marcia Baron und Samuel Kerstein ausgesprochen. Wikipedia, wie immer nur mäßig nützlich, aber der Kommentar von Freudiger war wenigstens wieder zu finden.

In der DB (deutsche Nationalbücherei) habe ich die Literaturverzeichnisse nach passenden Bücher durchsucht und diese bestellt und gesichtet.

Ein sehr praktisches Instrument: In diesem Link verbirgt sich eine Online- Akademie- Ausgabe der GSM. Toll, wenn man die Suhrkampausgabe ohne die Akademie-Paginierung hat, aber gerade diese für die Hausarbeit braucht! Nützlich: Die SUCHEN-Funktion!

Datei(en) zum Download

Eine grobe Gliederung

Hier nun eine grobe Gliederung von mir. Zwar noch nicht der letzte Schrei, aber immerhin ein Anfang. ;-)

1. Einleitung

- Anmerkung zu Kant
- Bedeutung des Werkes

2. Hauptteil

2.1 Der gute Wille/ die Pflicht/ die Handlungsarten à Grundlagen

2.2 Das Krämerbeispiel/ die entscheidende Stelle/Die Interpretationen/ Kants Methode

2.3 Der Vergleich der Interpretationen und das Ergebnis

3. Fazit

- Kurze Zusammenfassung
- Beantwortung der Forschungsfrage
- Thesis?

Exposé

Im Downloadbereich befindet sich nun mein Exposé zur Grundidee der Hausarbeit. Nach Abschluss des Schreibens bin ich aber auf einen Gedanken gekommen, der doch etwas von meiner ursprünglichen Idee abweicht. Näheres im Abschnitt Gedanken.

Datei(en) zum Download

📄 Exposé PP ano.docx
Exposé
28.9 KB | Montag, 14. Juni 2010 | Einzelheiten

Aufbau der GMS I

- Natur- und Glücksgaben eingeschränkt gut
- Tauglichkeit und Wirkung spielen für den Wert keine Rolle
- Teleologisches Argument (Vernunft brint nicht Glückseligkeit, sondern den guten Wille)
- Entwicklung des Übergangs zum Pflichtbegriff
- Pflicht eines sinnlich, vernüftigen Wesen vs. göttlichen Wesens
- These vom absoluten Wert des an sich guten Willens
- Achtungsbegriff

Nützliche Links

Online Kant Lexikon von Rudolf Eisler

Der Bonner Kant-Korpus

Gutenberg Projekt: Kant

Linksammlung (englisch)

BR-Alpha Immanuel Kant

Gedanken

Ein Gedanke, der mir während der letzten Bearbeitung kam: Kants Beispiel haben den Anschein, dass er keine expliziten Handlungen auf ihren moralischen Werthin darstellt und bewertet, sondern das er vielleicht eher einen Menschentyp darstellt. Ein ehrlicher Bäcker, mit dem man auch vielleicht privat etwas zu tun haben möchte versus dem kalten Geschäftsmann, der zwar "richtig" Handelt, aber der irgendwas an sich hat, dass man ihn nicht zum besten Freund haben möchte. Dieser "kalte" Geschäftsmann

---

Kant für Anfänger 2/10

Wichtiges

Grundlagen:

- der gute Wille
- vollkommen/unvollkommene Wesen (heiliger Wille)
- Handlungstypen
- Kriterien für d. oberste Moral Prinzip (hinreichender Grund/ mor. oberste Prinzip fordert aus Pflicht)

Pflicht

Was heißt es aus Pflicht zu handeln?

- heißt nicht Fleißpunkte sammeln
- verstehen, was es heißt, das Handlungen AUS Pflicht getan werden
- dann verstehen wir, das Handlungen aus Pflicht nur aus Pflicht getan werden (Menschenfreunde/Egoist)

Die Fälle

- aus Pflicht
- aus Pflicht mit Neigung
- aus Pflicht und aus Neigung (beinhaltet nicht, dass es mor. gefordert ist [Pflicht muss der mor. hinreichende Grund sein])

Was hat mor. Wert?

- Konform mit Pflicht
- aus Pflicht - haben mor. Wert

Kant Blog

📄 Kant Blog

1. Magnetic matter
2. Kant: Wrong for America
3. Intuitions/objects being "subject" to the categories
4. Making an object actual
5. Kant and the formation of planets
6. Kant humor
7. Guyer's new book on Kant
8. Hanna on Kant and analytic philosophy; Kant's grave; and the seven bridges of Königsberg
9. Moving to Oklahoma; limited blogging
10. Kuehn and the reception of Kant's critical philosophy

Letzte Aktualisierung am 13. Dezember 2011, 09:00

Recherche- Blog

Literaturtipp

Ein Empfehlung meines Dozenten ist K. Steigleder zu Kant und Tugendhats Buch "Über die Ethik".

gepostet von Maxi Musterfrau am 14. Juni 2010, 13:58 | Kommentare (0)

Abbildung 17: Beispiel für ein Rechercheportfolio

5.2.2.3 Mahara für die Onlinebewerbung

Neben seinem Einsatz als Persönliche Lernumgebung und E-Portfolio kann Mahara auch als Präsentations-Portfolio für Onlinebewerbungen genutzt werden. Über die Kopierfunktion können einzelne Bewerbungen (Seiten) komplett kopiert, mit leichten Änderungen spezifiziert und nach der Überarbeitung auch parallel zu bereits bestehenden Seiten veröffentlicht werden. Die Seite mit der Onlinebewerbung greift auf die im persönlichen Mahara-Profil hinterlegten Profildaten zu, die in allen Onlinebewerbungen im jeweils gewünschten Umfang angezeigt werden können. Jede einzelne Bewerbung kann zudem spezifische Anschreiben oder spezifische Zusatzdateien enthalten und gezielt über einen definierten Zeitraum freigegeben werden (z.b. über eine komplexe URL oder auch vollkommen frei im Internet).

5.2.3 Strategische Empfehlungen für die Einführung einer PLE/ E-Portfolio-Plattform

Bei Einführung eines derartigen Angebots erscheint die beispielhafte Vorkonfiguration einer Persönlichen Lernumgebung mit den wichtigsten studiumsbezogenen Widgets durch die Hochschule sinnvoll, um die Einstiegsschwelle der Nutzer möglichst niedrig zu halten. Diese kann dann von den Studierenden übernommen und erweitert werden. Das Angebot hat eine gute Chance, zum festen Bestandteil des E-Learning-Angebots jeder Hochschule zu werden, sofern personelle Ressourcen für Öffentlichkeitsarbeit und Qualitätssicherung zur Verfügung stehen. Um den Personalaufwand zu rechtfertigen, muss auch eine regelmässige Nutzung des Angebots erfolgen und diese mithilfe integrierter Analysetools überprüft werden.

5.2.3.1 Distributionsszenario: eine PLE mit Netvibes

Die Bereitstellung einer Persönlichen Lernumgebung auf einer externen Plattform wie Netvibes hat den Vorteil, dass keine grundlegende Neueinführung eines umfassenden Software-Systems, wie im Falle personalisierter Studierendenportale (vgl. Kap. 5.3) oder von E-Portfolios mit Mahara (vgl. Kap. 5.2.3.2), erfolgen muss. Konzeption und Implementierung können daher relativ flexibel gehandhabt werden und innerhalb eines kurzen Zeitraums auf unterschiedlichen Ebenen erfolgen.

Soll eine Persönliche Lernumgebung für alle Studierenden einer Hochschule vorkonfiguriert werden, empfiehlt sich aufgrund der je nach Studiengang unterschiedlichen Informationsquellen ein Einbezug der Fakultäten und studentischen Vertreter. Ein übergreifendes Gremium, welches Hochschulverwaltung, Vertreter der Fakultäten und zentralen Einrichtungen der Informations- und Kommunikationstechnologie sowie studentische Vertreter umfasst, kann eine Person oder Projektgruppe mit der Vorkonfiguration der PLE entlang der vorgestellten Nutzungsszenarien (vgl. Kap. 5.2.2.1 und 5.2.2.2) beauftragen. Hierfür geeignet erscheinen das Universitätsmarketing bzw. die Abteilungen der Öffentlichkeitsarbeit von Hochschulen, die in der Regel bereits die Web-2.0-Kanäle der Hochschulen betreuen, einen Überblick über von der Hochschule bereitgestellte Informationen haben und über Kontakte zu anderen relevanten außeruniveritären Einrichtungen (z.b. Bibliotheken, Studentenwerke, Alumnivereine) verfügen. Um eine möglichst nachhaltige Nutzung der Persönlichen Lernumgebung sowie eine Anpassung und Weiterentwicklung ihrer PLE durch die Studierenden selbst zu erreichen, sollten daneben auch die einzelnen Fakultäten, Institute oder Lehrstühle auf ihre Informationsressourcen (RSS-Feeds, Linklisten, ggf. Web-2.0-Auftritte oder genutzte Tools) und die Möglichkeit der Einbettung dieser in die Persönliche Lernumgebung aufmerksam machen. Eine Einführung der PLE zu Semesterbeginn erleichtert Studienanfängern und fortgeschrittenen Studierenden die Integration von deren Nutzung in den Studienalltag. Eine Möglichkeit, die vorkonfigurierte PLE an Studienanfänger zu verteilen, wäre z.B., die PLE als QR-Code postalisch mit den Annahmebescheiden zu verteilen. Diese müsste dann nur noch gespeichert und individualisiert werden.

Darüber hinaus können Persönliche Lernumgebungen auch mit geringerer Reichweite und dementsprechend geringerem Aufwand, etwa an einer Fakultät oder einem Institut, eingeführt werden. Dies bietet sich vor allem an, um fortgeschrittene Studierende zu erreichen. Die Vorkonfiguration kann dann etwa durch die Betreuer der Webauftritte von Fakultäten, Instituten oder Lehrstühlen oder durch Studien(gangs)berater erfolgen. Eine andere Möglichkeit ist die Einführung einer PLE im Rahmen einer Vorlesung oder eines Seminars. Neben einer speziellen Social-Software-Schulung (vgl. Kap. 8.1), in welcher zusätzlich noch grundlegende Medienkompetenzen vermittelt werden, kann hierfür grundsätzlich jede Lehrveranstaltung genutzt werden. In besonderer Weise geeignet sind jedoch diejenigen Lehrveranstaltungen, welche in die Techniken des Studierens und des wissenschaftlichen Arbeitens einführen.

5.2.3.2 Distributionsszenario: E-Portfolios mit Mahara

Auch wenn eine E-Portfolio-Plattform wie im Falle von Mahara an der Universität Leipzig unmittelbar an eine Hochschule angebunden ist, stellt sie keinen Ersatz, sondern eine Erweiterung vorhandener E-Learning-Plattformen bzw. Lehr- und Lernszenarien dar. Infolgedessen ist es folgerichtig, sie wie einen zusätzlichen Dienst bei den E-Learning- bzw. Medienzentren der Hochschulen anzusiedeln und in das Portfolio dieser Serviceeinrichtungen einzubetten.

Das nachfolgend ausgeführte Beispiel über die bereits vollzogene Einführung von Mahara an der Universität Leipzig (http://mahara.uni-leipzig.de) soll ein mögliches Distributionsszenario veranschaulichen:

Die Verantwortung zur Integration sowie zum Betrieb obliegt dem E-Learning-Service (ELS) der Universität Leipzig, welcher für das Projektmanagement zur Distribution der Plattform sowie die Koordinierung der Arbeiten und die Kommunikation zwischen den beteiligten Fachbereichen zuständig ist. In diesem Zusammenhang erfolgte eine Einbindung verschiedener Struktureinheiten der Universität, verbunden mit Absprachen zu folgenden Fragen:

- Mit dem *Rechenzentrum* wurde die Beschaffung der einzusetzenden Hardware, die Netzanbindung, das Qualitätssicherungskonzept und ein Backupkonzept vereinbart.
- Dem *Career Center* wurden die Vorteile der Plattform vorgestellt, das Center wurde als Werbepartner und Nutzer gewonnen.
- Mit der *Rechtsabteilung der Universität* wurde ein Entwurf rechtssicherer Nutzungsbedingungen erstellt und deren Einbettung sichergestellt, insbesondere zum Umgang mit personenbezogenen Daten.
- Mit dem *Alumni-Büro* wurden Fragen der Nutzung durch ehemalige Studierende besprochen, demnach kann die Realisierung von Login-Möglichkeiten mit den Alumni-Verantwortlichen der Universität geklärt werden, so dass die Plattform den Studierenden auch nach Studienende zur Verfügung stehen kann, obwohl der Studierendenaccount mit der Exmatrikulation gelöscht werden muss.
- Die *Abteilung Öffentlichkeitsarbeit* wurde einbezogen, um Maßnahmen zur Öffentlichkeitsarbeit an das Hochschuldesign anzupassen und um diese Maßnahmen an der Hochschule umzusetzen.
- Der *Druckservice* wurde mit der Herstellung von Druckerzeugnissen für die Öffentlichkeitsarbeit beauftragt.
- *Lehrende und Studierende* wurden zur Ermittlung von Anforderungen und Bedürfnissen befragt, die in die Konzeption eingingen.
- Nicht zuletzt wurde das *Rektorat* über die Vorteile informiert und die Hochschulleitung wurde als strategischer Unterstützer gewonnen.

5.2.3.3 Öffentlichkeitsarbeit

Bei der Einführung einer Persönlichen Lernumgebung bzw. E-Portfolio-Plattform sollte wiederum zielgruppenspezifisch kommuniziert werden. Um Studienanfänger und fortgeschrittene Studierende bzw. Zielgruppen mit geringen oder gar keinen Erfahrungen mit Social Software zu erreichen, sollte problemorientiert auf die im Studium anstehenden Herausforderungen hingewiesen werden und darauf, wie diese individuell durch den Einsatz einer PLE oder E-Portfolio-Plattform leichter bewältigt werden können. Die Webseiten der Hochschule sowie ihre Auftritte in Sozialen Netzwerken eignen sich gut als Kommunikationskanäle, machen sie es doch möglich, direkt auf die Persönliche Lernumgebung zu verweisen bzw. zu verlinken. Daneben können mittels Informationen an die Erstsemester, die mit den Annahmebescheiden von den Hochschulen verschickt werden, speziell Studienanfänger angesprochen und für die Nutzung der Persönlichen Lernumgebung gewonnen werden. Mit Blick auf die Anwerbung Studieninteressierter kann eine PLE etwa beispielhaft für die moderne Ausrichtung der Hochschule stehen. Printmedien der Hochschule (z.B. die Hochschulzeitung) können außerdem dafür genutzt werden, das Interesse der Hochschulangehörigen an der Persönlichen Lernumgebung zu wecken (beispielhaft für die „CUNY Academic Commons", Roel 2010).

5.2.3.4 Aufwand und Kosten

Netvibes
Der personelle, finanzielle und organisatorische Aufwand für die Vorkonfiguration einer PLE mit Netvibes ist abhängig von der gewählten Einführungsstrategie (top-down versus bottom-up) der PLE, hat aber insgesamt einen relativ geringen Umfang.

Hinsichtlich der Programmierung und Anpassung der PLE-Software fallen für die Hochschulen keine Kosten an, da die Plattform Netvibes frei im Netz verfügbar ist und lediglich ein Account für die Hochschule eingerichtet werden muss. Größeren Aufwand bedeutet die Bereitstellung der Inhalte, insbesondere bei der Einbindung der Lernmanagementsysteme, für die ggf. Widgets programmiert oder Schnittstellen nach dem RSS-Standard entwickelt werden müssen. Dies müsste dann von den betreuenden Struktureinheiten der Hochschulen oder externen Dienstleistern umgesetzt werden (in Sachsen böte sich beispielsweis die Bildungsportal Sachsen GmbH an, die das an den sächsischen Hochschulen genutzte LMS OPAL betreut).

Bei einer bottom-up Einführung der PLE, etwa durch Nutzung innerhalb eines Seminars, fallen finanzieller und personeller Aufwand für die Implementierung besonders gering aus. Die Einrichtung der Persönlichen Lernumgebung bei Netvibes sowie die Weiterverbreitung erfolgen hier hauptsächlich durch die Studierenden selbst. Allerdings ist dann auch die Verbreitung auf das jeweilige Fachgebiet beschränkt, weitergehende Beratungs- und Betreuungsaufwände sind durch einzelne Lehrende oder Studierende i.d.R. nicht leistbar.

Soll die PLE für einen breiten Nutzerkreis vorkonfiguriert werden, muss auf entsprechend zugeordnete personelle Ressourcen zurückgegriffen werden. So können mit der Einrichtung der PLE etwa die Social-Media-Verantwortlichen der Hochschulen im Hochschulmarketing oder der Abteilung Öffentlichkeitsarbeit betraut werden. Der Umfang finanzieller Aufwendungen ist hier auch davon abhängig, welche Distributionskanäle (vgl. Kap. 5.2.3.1) gewählt werden.

Mahara
Als Personal für die Planung und Umsetzung des oben beschriebenen Einsatzes an der Universität Leipzig wurde zuerst ein wissenschaftlicher Mitarbeiter für drei Personenwochen eingesetzt. Die E-Portfoliosoftware Mahara selbst musste zwar nicht programmiert werden, da sie im Rahmen der GPLLizenz kostenfrei einsetzbar ist. Jedoch entstand ein hoher Anpassungsaufwand bei der Einbettung in die vorhandenen Softwarestrukturen der Universität. So sollte das Angebot nicht parallel zu existierenden Angeboten betrieben werden, vielmehr sollten vorhandene Systeme, wie bspw. die Lernplattform Moodle, in die PLE integriert werden. Für die Umprogrammierung des Mahara-Softwarecodes zum korrekten Zusammenspiel mit der Lernplattform sowie den Accountdatenbanken wurde ein weiterer wissenschaftlicher Mitarbeiter über die Dauer von sechs Personenwochen benötigt. Darüber hinaus musste ein Informations- und Qualifizierungskonzept entwickelt werden. So wurde durch einen wissenschaftlichen Mitarbeiter eine Präsenzschulung erarbeitet. Zusätzlich entstanden Online-Hilfen in Form von Anleitungen und Videos im E-Learning-Portal der Universität sowie in Form von Moodle-Kursen. Hierfür wurden zwei Personenwochen benötigt. Teile dieser Arbeiten können durch studentische Hilfskräfte übernommen werden.

Zusätzliche Sachkosten entstehen durch Hardwareanschaffungen. In Absprache mit dem Rechenzentrum müssen entweder neue Server für Betrieb und Backup angeschafft oder vorhandene mitgenutzt werden. Weitere Sachkosten entstehen in Absprache mit dem Druckservice bei der Erstellung von Printmedien für die Öffentlichkeitsarbeit. Der Großteil dieser Kosten konnte jedoch im Leipziger Beispiel durch Eigenmittel des E-Learning-Service getragen werden. Darüber hinaus liegen die Produkte für die Öffentlichkeitsarbeit, die Schulungsmittel sowie das Produkt selbst in digitaler Form vor.

Nach erfolgter Programmierung und Etablierung der Plattform im Funktionsprozess der Hochschule reduziert sich der Arbeitsaufwand deutlich. Weiterhin regelmäßig müssen durch den E-Learning-Service nachstehende Aufgaben zur Qualitätssicherung übernommen werden:
- Softwareanpassungen bei der Einführung neuer Versionen von Moodle und Mahara,
- Einarbeitung von Evaluationsergebnissen der Studierenden,

- Anpassung und Erweiterung der Online-Hilfen sowie Aktualisierung der Schulungsinhalte,
- Durchführung der Präsenzschulungen.

Für die Umsetzung dieser Aufgaben wird ein wissenschaftlicher Mitarbeiter für insgesamt vier Personenwochen im Jahr benötigt.

5.3 Einführung eines personalisierten Studierendenportals

Die Deutsche Initiative für Netzwerkinformation (DINI) setzte sich im Rahmen zweier Workshops mit der Frage auseinander, welchen Mehrwert personalisierte Studierendenportale für die Hochschulen in den Bereichen Forschung, Lehre und Verwaltung bedeuten könnten (DINI 2007). Die auf Grundlage einer Untersuchung zur Einführung unterschiedlicher personalisierter Studierendenportale an verschiedenen Hochschulen im In- und Ausland entwickelten strategischen Empfehlungen werden hier aufgegriffen und um aktuelle Fallbeispiele ergänzt. Sie zeigen eine Unterstützungsmaßnahme für das informelle Lernen mit Social Software auf, die wie die PLEs im Kern auf der persönlichen Gestaltung einer Informationsplattform basiert, bei der die Hochschulen allerdings größere Gestaltungsmacht haben.

5.3.1 Konzeption

Im Gegensatz zur dezentralen Verankerung der verschiedenen IT-Services einer Hochschule, wie sie an den meisten Hochschulen in Deutschland und international der Fall ist, sind personalisierte Studierendenportale so konzipiert, dass alle an der Hochschule verfügbaren Informationen auf einer Plattform integriert werden können. Die technologische Grundlage hierfür bilden so genannte Portlets. Dabei handelt es sich um Web-Komponenten, die es ermöglichen, Inhalte (Informationen und Anwendungen) bereitzustellen (vgl. DINI 2007, S. 28ff.). Aufgrund der Redundanz von in verschiedenen Systemen vorgehaltenen Informationen und dem schwierigen bis unmöglichen Austausch von Informationen und Daten zwischen diesen Systemen sowie der notwendigen Mehrfachanmeldung der Nutzer bei den jeweiligen Diensten sind die IT-Service-Infrastrukturen von Hochschulen noch häufig ineffizient und wenig ansprechend für ihre Nutzer. Personalisierte Studierendenportale können hier Abhilfe schaffen, denn sie ermöglichen es den verschiedenen Systemen, über technische Standards miteinander zu kommunizieren und erlauben mithilfe einer einmaligen Anmeldung (Single Sign-on) den Zugriff auf jeweils alle nutzerspezifischen Informationen (vgl. DINI 2007, S.6f.). Angesichts der bereits genannten Herausforderungen, denen sich die Hochschulen im Zuge der Bologna-Reform, steigender Studierenden- und Absolventenzahlen sowie der mit wachsender

Autonomie zunehmenden Verwaltungsaufgaben stellen müssen, erscheint zudem ein „konsequentes, zentrales Informationsmanagement" notwendig, um „den Anforderungen an Schnelligkeit, Transparenz und Sicherheit bei der Datenverarbeitung zu begegnen" (DINI 2007, S. 7). Auch hier kann ein personalisiertes Studierendenportal Unterstützung bieten.

Personalisierte Studierendenportale sind durch drei zentrale Komponenten gekennzeichnet, welche die Bereitstellung der Portaldienste ermöglichen: 1. gehören dazu Personalisierungskomponenten, über die jeweils benutzerspezifische Informationen personalisiert dargestellt werden können. Dies erfolgt über Authentifikation und Autorisation, nach dem Anmelden am Portal erhält der jeweilige Nutzer Zugang zu den Informationen und Diensten, die von ihm ausgewählt wurden bzw. für die er autorisiert ist. 2. ermöglichen standardisierte Schnittstellen die Integration von Anwendungen und Informationen. 3. dienen die Portlets der Darstellung und Bereitstellung von Anwendungen und Informationen im Portal. So ist es nach der Anmeldung bei dem Good-Practice-Beispiel TUgether etwa möglich, sich mithilfe verschiedener Portlets seine persönliche Startseite zusammenzustellen, die auch nach dem Abmelden bei zukünftiger Nutzung des Systems verfügbar bleibt. Auf diese Weise können hochschulinterne Dienste (z.B. E-Mail-Account oder Lernmanagementsystem) und Informationen (z.B. über RSS-Feeds) sowie externe Web-2.0-Anwendungen (z.B. Youtube oder Delicious) und Webseiten eingebunden werden.

5.3.2 Strategische Empfehlungen für die Einführung eines Studierendenportals

Die Einführung eines personalisierten Studierendenportals sollte als Teil einer umfassenden Strategie erfolgen und ist grundsätzlich als „Projekt" zu verstehen. Hierfür sind zunächst Vorüberlegungen hinsichtlich der Anforderungen an eine Portalstrategie für die in der Regel hochschulweite Einführung eines personalisierten Studierendenportals notwendig. Die Integration und Vernetzung der verschiedenen an der Hochschule verfügbaren Informationen erfordert eine interdisziplinäre Ausrichtung der Projektorganisation zur Einführung des Portals sowie eine gut organisierte und kommunikative Projektführung. Um eine breite Akzeptanz des personalisierten Studierendenportals bei den Hochschulangehörigen zu erreichen, sollten die zukünftigen Nutzer, Studierende wie Hochschulmitarbeiter, bereits früh in den Entwicklungsprozess einbezogen werden (vgl. DINI 2007, S. 9ff.). Für die Implementierung eines personalisierten Studierendenportals ergeben sich aus technischer wie aus organisatorischer Perspektive unterschiedliche Optionen. Im Zentrum der Implementierung steht die Entscheidung, welche Portallösung an der Hochschule eingesetzt werden und wie deren Einführung erfolgen soll. Dabei stehen verschiedene kommerzielle und Open-Source-Lösungen zur Auswahl, die nach verschiedenen Kriterien wie Schnittstellenverfügbarkeit, IT-Infrastruktur-Voraussetzungen oder Sicherheit evaluiert werden müssen (eine umfassende Auflistung von Auswahlkriterien und Portaltechnologien findet sich bei DINI 2007, S. 28ff.). Aus technischer Perspektive ist zudem eine schrittweise Einführung einem „big-bang" vorzuziehen, weil so eine breitere Akzeptanz bei den zukünftigen Nutzern erreicht werden kann (DINI 2007, S. 18). Komplexer als der technische Aspekt stellt sich jedoch die organisatorische Seite der Implementierung dar. Dezentrale Entscheidungsbefugnisse, akademische Eigenbestimmung sowie auf persönlicher Ebene Unentschlossenheit und Furcht vor Veränderungen sind mögliche Hindernisse bei der Einführung eines hochschulweiten personalisierten Studierendenportals (DINI 2007, S. 19) – wie auch anderer neuartiger IT-Systeme generell. Für die Umsetzung des Projekts empfiehlt sich daher ein Vorgehen, welches hochschulspezifische Organisationsstrukturen berücksichtigt. Hierzu gehören auch Überlegungen zur Positionierung des Portals innnerhalb der hochschuleigenen Informationsarchitektur und die Berücksichtigung hochschulpolitischer Aspekte. Die Implementierung wird vermutlich eher in einer Mischform, als ausschließlich top-down oder bottom-up erfolgen (vgl. DINI 2007, S. 19ff.).

5.3.2.1 Distributionsszenario

Der erste Schritt bei der Einführung eines personalisierten Studierendenportals ist die Erarbeitung eines Entwicklungsplanes. Hierfür muss zunächst die finanzielle, personelle, organisatorische und technische Situation an der Hochschule analysiert werden: Für welchen Zeitraum, wieviele Mitarbeiter und ggf. welche Erneuerungen in der Server-Infrastruktur müssen finanzielle Mittel bereitgestellt werden? Welche Personen mit Erfahrung in der Nutzung von Portalen, aus dem Technologiebereich oder einfach nur mit Interesse an der Einführung eines Portals, die als Promotoren und Multiplikatoren wirken können, lassen sich fach- und einrichtungsübergreifend an der Hochschule identifizieren und können in das Projekt mit einbezogen werden? Bietet sich ggf. eine hochschulübergreifende Kooperation an? Technische Voraussetzung für die Implementierung eines personalisierten Studierendenportals sind eine IT-Basisinfrastruktur sowie ausreichende Server-Kapazitäten. Es muss daher ebenso eine Bestandsanalyse der technischen Infrastruktur hinsichtlich der Hard- und Softwarelandschaft erfolgen wie eine Analyse der IT-Dienstleister der Hochschule (vgl. DINI 2007, S. 14).

Für die erfolgreiche Einführung eines hochschulweiten personalisierten Studierendenportals ist ein prozessorientiertes Vorgehen notwendig. Auf diese Weise können Anforderungen an das Portal, also die Unterstützung von Anwendungen, Informationen, Kommunikation und Zusammenarbeit sowie

Inhalte des Portals, die sich aus der Hochschulorganisation ergeben, umgesetzt werden. Dafür müssen alle Geschäftsprozesse sowie hochschulinterne und -externe Kommunikationsprozesse erfasst, analysiert und darüber hinaus relevante Informationen und Anwendungen der Hochschule identifiziert werden. Da die an der Hochschule identifizierten Dienste und Informationen über Schnittstellen in das Portal integriert werden, muss zudem eine Abstimmung mit den Systemanforderungen des Portals erfolgen und eine passende Portaltechnologie ausgewählt werden. Diese lassen sich zum einen hinsichtlich der ihnen zugrunde liegenden Programmiersprache (z.B. Java EE, PHP oder Python) unterscheiden, zum anderen hinsichtlich ihrer Verfügbarkeit als kommerzielle oder Open-Source-Portallösungen. Darüber hinaus müssen alle für die Portaleinführung notwendigen Prozesse identifiziert werden (DINI 2007, S. 14). Anschließend ist die Struktur der Projektorganisation zu entwickeln, von der Projektleitung über das Management bis hin zu einzelnen Arbeitsgruppen, für die sich eine hochschulweite Teambildung empfiehlt. Erst im Ergebnis wird es möglich, die Machbarkeit und Möglichkeiten der Umsetzung eines personalisierten Studierendenportals an der Hochschule einzuschätzen und eine Roadmap mit den erforderlichen Arbeitsschritten zur Einführung eines personalisierten Studierendenportals zu erarbeiten (vgl. DINI 2007, S. 14ff.). Ziel der Einführung des Portals sollte dabei sein, so viele der identifizierten Inhalte, Prozesse und Anwendungen wie möglich in das Portal zu integrieren. Mit Blick auf die Organisation der Einführung ist es an dieser Stelle notwendig, Verantwortungen klar zuzuweisen sowie die Einbindung und Erarbeitung von Diensten usw. in das Portal zu koordinieren (Wer darf was, wann und ggf. mit wessen Zustimmung einbinden? – vgl. DINI 2007).

Beispielhaft sei erwähnt, dass vor der Entwicklung des personalisierten Studierendenportals TUgether durch ein Projektteam der Pressestelle und des International Office der TU Braunschweig zunächst die vorhandenen Web-Angebote der Hochschule erhoben und im Ergebnis als unzureichend bewertet wurden. Anschließend unterbreitete das Projektteam der Hochschule einen Vorschlag zur Neugestaltung des Web-Angebots. Dieser wurde angenommen, mit finanziellen Mitteln ausgestattet und ein neues Projektteam mit der Gestaltung des neuen Web-Angebots beauftragt. Die Projektsteuerung wurde vom Institut für Wirtschaftsinformatik übernommen.

Als weiteres Beispiel kann an dieser Stelle auch auf die Universität Leipzig verwiesen werden. Zur Einführung des angestrebten Studierendenportals bildete sich 2010 eine zentrale Steuergruppe unter der Leitung des Rektorats, bestehend aus Mitgliedern aller Fakultäten und Servicebereichen, wie bspw. dem Prüfungsamt, der Mensa, der Bibliothek, sowie studentischen Vertretern – der eigentlichen Portal-Zielgruppe. Das Rechenzentrum stellte das ausführende Organ dar. Die Steuergruppe löste sich nach Projektabschluss wieder auf.

Änderungen oder weitere Neuerungen müssen als Nachfolgeprojekte über die Hochschulleitung neu projektiert werden.

Die Klassifikation und Priorisierung der identifizierten Informationen, Anwendungen und Prozesse ermöglichen die Auswahl von Kernprozessen und Inhalten, die bereits während der Einführungsphase unterstützt bzw. bereitgestellt werden sollen. Dabei sollte den Nutzern von Beginn an der Mehrwert einer Portallösung deutlich werden, um eine möglichst breite Akzeptanz zu erreichen (vgl. DINI 2007). Dies wurde auch bei der Umsetzung von TUgether berücksichtigt: durch die bereits sehr frühe Freischaltung des Portals mit ersten Funktionen, welche nach und nach erweitert wurden, konnten sich die zukünftigen Nutzer mit diesem neuartigen Angebot vertraut machen, eigene Vorschläge für die Weiterentwicklung von Funktionen und Inhalten beisteuern und auf diese Weise in den Entwicklungsprozess mit einbezogen werden.

Nach der Einführungsphase ist es notwendig, den laufenden Betrieb sicherzustellen, „[e]in Portal wird den Projektstatus jedoch nie vollständig verlieren" (DINI 2007, S. 26). Das heißt, es muss möglich sein, kontinuierlich neue, an das Portal gestellte Anforderungen zu identifizieren, zu priorisieren und das Portal dementsprechend anzupassen. Dies erfordert für den laufenden Betrieb eine Festlegung von Verantwortlichkeiten entlang von Support- und Entwicklungsprozessen, die aufgrund der dezentralen Organisation von Informationen an Hochschulen thematisch bzw. fachlich erfolgen sollte (vgl. DINI 2007, S. 27).

5.3.2.2 Öffentlichkeitsarbeit

Das personalisierte Studierendenportal sollte wie auch die Persönlichen Lernumgebungen (Kap. 5.2.3.4) zielgruppenspezifisch kommuniziert werden. Um eine möglichst umfangreiche und nachhaltige Nutzung des Portals durch die Studierenden zu erreichen, sollten bereits Studienanfänger darauf aufmerksam gemacht werden. Dies kann, wie im Falle von TUgether, beim Versenden der Annahmebescheide einer Hochschule geschehen. Fortgeschrittene Studierende sowie das akademische Personal einer Hochschule können sowohl über E-Mail-Verteiler, Newsletter, Hinweise auf der Startseite der Web-Präsenz der Hochschule oder auch im Web 2.0 als auch mit Druckerzeugnissen, wie Hochschulzeitungen oder Imagebroschüren, erreicht werden. Denkbar ist darüber hinaus die Organisation zielgruppenspezifischer Informationsveranstaltungen an den Fakultäten, um über die Einführung des Portals und seine Funktionen zu berichten. Neben der Vermarktung des Portals im Allgemeinen ist auch zu überlegen, wie die Nutzer zu einem möglichst frühen Zeitpunkt in den Entwicklungsprozess mit einbezogen werden können. So konnten etwa bei der Einführung von TUgether die Studierenden auf der Startseite des Portals darüber abstimmen, in welcher Reihenfolge bestimmte Funktionen in das Portal integriert werden sollten. Eine solche Vorgehensweise kann dazu beitragen, das Studierendenportal entsprechend der Ideen und Wünsche seiner Nutzer aufzubauen und weiterzuentwickeln sowie diese frühzeitig daran zu binden.

5.3.2.3 Aufwand und Kosten

Aus finanzieller Perspektive sind Open-Source-Lösungen zu favorisieren, da hier die Anschaffungskosten relativ gering sind. Darüber hinaus können durch die Hochschule eigene Anpassungen und Weiterentwicklungen vorgenommen werden und es kommt zu einem nachhaltigen Aufbau von Know-how an der Hochschule. Bei der Einführung des personalisierten Studierendenportals „TUgether" wurde bereits zu einem sehr frühen Zeitpunkt, nach einer Evaluation verschiedener Portal-Softwares entlang eines Anforderungskatalogs, das Open-Source-Portal-Framework Liferay ausgewählt. Dem lagen insbesondere finanzielle Überlegungen zugrunde.

Für die Einführung und den Betrieb des personalisierten Studierendenportals ist zu beachten, dass es sich dabei nicht um einen einmaligen finanziellen, personellen und organisatorischen Aufwand handelt, sondern dass eine kontinuierliche Pflege und Anpassung bzw. Weiterentwicklung zur Aktualisierung und zum Ausbau notwendig sind – denn „ein Portal lebt von seinen Inhalten und Anwendungen" (DINI 2007, S. 21). Es ist daher mit einer mehrmonatigen bzw. mehrjährigen Entwicklungsphase und einer dauerhaften personellen Betreuung zu rechnen.

5.4 Aufbau einer Ressourcenplattform (Repositorium)

An Hochschulen wird von verschiedenen Akteuren an unterschiedlichen Orten in Forschungs, Lehr- und Lernprozessen Wissen generiert. Obschon zumindest ein Teil dieses Wissens in Form von Aufsätzen, Skripten, Readern, Präsentationen, Hausarbeiten und Vorlesungsaufzeichnungen in der einen oder anderen Form verfügbar bleibt, erfolgt dies jedoch meist losgelöst und dezentral, angebunden an verschiedene Personen, Lehrveranstaltungen oder Professuren. Dies gilt auch für in Lernmanagementsystemen bereitgestellte Inhalte, welche in der Regel aufgrund fehlender Schnittstellen nach außen auf bestimmte Personengruppen, etwa Teilnehmer einer Lehrveranstaltung, beschränkt bleiben und den Nutzern weder eine Möglichkeit zur Beurteilung oder Kommentierung der Ressourcen geben noch aufgrund ihrer Bedienbarkeit auf den gemeinsamen Aufbau einer Ressourcenplattform zugeschnitten sind (vgl. Minguillón/Conesa 2011).

Die Praxisgemeinschaft der Lernenden einer bestimmten Studienphase profitiert jedoch insbesondere von der Verfügbarkeit gemeinsamer Ressourcen.

In den im Projekt durchgeführten Fokusgruppeninterviews nannten die Studierenden etwa Sammlungen von Einführungstexten und auch typischen Prüfungsaufgaben, die einen gemeinsamen Referenzpunkt in einzelnen Fächern darstellen, bisher aber selbstorganisiert und häufig ohne Nutzung von Social Software gesammelt und zur Verfügung gestellt werden (Albrecht et al. 2011). An den am Projekt „Learner Communities of Practice" beteiligten sächsischen Hochschulen erfolgt dies vor allem durch die Fachschaftsräte als studentische Vertreter einzelner Fachbereiche, die Informationen und Ressourcen, wie Vorlesungsaufzeichnungen, Informationen zu Prüfungen und Klausuren, fachbereichsspezifisch auf ihren Webseiten (z.B. die Fachgruppe Medienkommunikation der TU Chemnitz, http://www.medienheimat.de/) oder in speziellen Foren (z.B. die Studierenden der Fakultät Informatik der TU Dresden, http://tud.hicknhack.org/) zur Verfügung stellen. Informationen und Ressourcen, die außerhalb von Lehrveranstaltungen, im Rahmen informeller Lernprozesse wie kollaborativem Lernen, Literaturrecherche oder Prüfungsvorbereitung, generiert wurden, werden dabei jedoch nicht erfasst und gehen verloren, obwohl sie für die gesamte studentische Community of Practice und über alle Studienphasen hinweg relevant sein könnten. Social Software hat das Potenzial, diese Lücke zu schließen sowie zeit- und ortsunabhängig einerseits das generierte Wissen einem breiteren Publikum verfügbar zu machen, andererseits verschiedene wissenschaftliche und studentische Praxisgemeinschaften an Hochschulen an der Generierung von Wissen zu beteiligen. Sie eignet sich an Hochschulen auf unterschiedlichen Ebenen für den Aufbau eines gemeinsamen Repositoriums.

Der Empfehlung zum Aufbau einer Ressourcenplattform sind nicht, wie in den anderen Fällen, entsprechende Good-Practice-Beispiele in Kapitel 4 vorangestellt. Vielmehr findet sich die Funktionalität des kollektiven Sammelns von Ressourcen integriert in unterschiedliche Beispiele, die im vorangehenden Kapitel unter anderen Überschriften präsentiert werden (z.B. die geteilte Sammlung von Literaturquellen in KISD Spaces). Da das Thema, wie die empirischen Erhebungen unter Studierenden und Internetrecherchen zeigten, für die Studierenden eine hohe Relevanz hat, wird ihm an dieser Stelle ein eigener Abschnitt gewidmet.

5.4.1 Konzeption

Die Vielzahl der Social-Software-Anwendungen, die sich für den Aufbau eines Repositoriums eignen, ermöglicht den Aufbau von Ressourcensammlungen mit unterschiedlicher Reichweite und für unterschiedliche Nutzergruppen. Die „CUNY Academic Commons" als Beispiel guter Praxis zeigen, wie der interdisziplinäre Austausch von Ressourcen an einer Hochschule mithilfe von Social Software, in diesem Fall durch Einführung eines hochschulweiten Blogsystems, unterstützt werden kann. Darüber hinaus können Blogsysteme, wie zum Beispiel die „KISD-Spaces" der Köln International School of Design, den Aufbau einer Wissensplattform zur Dokumentation und Bereitstellung von Informationen und Ressourcen aus Lehrveranstaltungen unterstützen. Damit wird zudem die Einbindung externer Quellen auf Fakultäts- bzw. School-Ebene erleichtert. Social Software ermöglicht hier nicht nur, im Verlauf eines Semesters generierte Informationen bereitzustellen, sondern auch, diese zu kommentieren und Feedback zu geben. Welche Möglichkeiten Social Software für die Organisation, Strukturierung und Bewertung gemeinsamer Wissensbestände bieten kann, zeigt sich am KISD-eigenen Bibliothekssystem „KISD-Biblio": „Die Inhalte des Kataloges werden mittels Verschlagwortung, Kategorisierung und Bewertung/Reviews für die weitere Literaturrecherche aufgewertet und auf verschiedenen Ebenen zugänglich gemacht" (Heidkamp/Kaliva 2009, S. 41). Dabei kann es sich um Quellenangaben, themenspezifische Literaturlisten für Seminare und Projekte, aber auch individuelle Literaturlisten von Lehrenden und Studierenden handeln. Darüber hinaus können die Inhalte auch in gängige Literaturverwaltungssyteme übernommen werden, was die Übertragung der im Hochschulkontext gemeinsam erarbeiteten Inhalte in persönliche Ressourcensammlungen erleichtert und langfristig angelegte Lernprozesse unterstützt (vgl. ebd.).

Neben der Einführung solcher komplexen Social-Software-Systeme und ihrer Erweiterung durch eigene Programmierungen kann auch eine Bandbreite an frei im Netz verfügbaren Social-Software-Anwendungen wie Social-Bookmarking- oder Literaturverwaltungs-Tools für den Aufbau einer Ressourcenplattform zum Beispiel auf Instituts- oder Fachbereichsebene genutzt werden. Literaturverwaltungsprogramme wie Citavi oder Zotero bieten die Möglichkeit, ein Repositorium aufzubauen, ohne eigens ein System wie etwa KISD-Biblio entwickeln zu müssen. Mit Zotero können über die Verschlagwortung hinaus Ressourcen unterschiedlich klassifiziert (Bücher, Zeitschriften, Webseiten, Online-Dokumente usw.) und sowohl Links wie auch Literatur in einem Repositorium gesammelt werden. Daneben können bereits vorhandene Linklisten (z.B. am Institut für Soziologie der TU Chemnitz, https://www.tu-chemnitz.de/ hsw/soziologie/Fachgruppe/Linksammlung/index.php) in Social-Bookmarking-Dienste (z.B. Delicious oder Diigo) überführt und dort durch die Vergabe von Tags (Schlagworten) besser strukturiert werden. In ähnlicher Form könnte auch der Microblogging-Dienst Twitter eingesetzt werden, indem die Links als Tweets gepostet werden und zur Verschlagwortung spezielle Hashtags genutzt werden.

So unterstützt der Einsatz von Social Software nicht nur langfristige Lernprozesse durch die Möglichkeit, Ressourcen aus dem Hochschulkontext zu exportieren bzw. in den Hochschulkontext zu importieren, sondern stärkt darüber hinaus über eine gemeinsame Wissensgenerierung die Identifikation mit dem jeweiligen Studienfach.

5.4.2 Strategische Empfehlungen für den Aufbau einer Ressourcenplattform

So vielfältig die Möglichkeiten für den Aufbau einer Ressourcenplattform hinsichtlich Umfang und verwendeter Software sind, so unterschiedlich sind auch mögliche Strategien zur Einführung derselben sowie der hierfür erforderliche personelle, organisatorische und finanzielle Aufwand. Im Folgenden sollen zunächst zum einen Varianten für die Einführung umfassender Repositorien unter Zuhilfenahme der Beispiele „CUNY Academic Commons" und „KISD-Spaces" vorgestellt werden. Zum anderen werden Vorschläge für die Umsetzung von Ressourcensammlungen geringerer Reichweite gemacht. Anschließend erfolgen jeweils Empfehlungen für die Öffentlichkeitsarbeit und es werden der personelle, der organisatorische und der finanzielle Aufwand näher betrachtet.

5.4.2.1 Distributionsszenario

Komplexe Systeme wie die „CUNY Academic Commons" oder die „KISD-Spaces" können nur mittel- bis langfristig an Hochschulen eingeführt werden. Dies sollte Teil einer umfassenden Strategie sein, wie die Academic Commons, die vom Committee on Academic Technology der City University of New York initiiert wurden, oder im Rahmen eines Projektes erfolgen. Die KISD-Spaces entstanden etwa innerhalb des Projektes „Blended Studies", das an der Köln International School of Design im Rahmen der BMBF Förderinitiative „Netbook University" initiiert wurde (vgl. Heidkamp/Kaliva 2009, S. 5). Über einen Zeitraum von 1,5 Jahren untersuchte eine aus einem Professor, einer wissenschaftlichen Mitarbeiterin sowie sieben Studierenden bestehende Projektgruppe, wie Kollaboration und Teilung von Wissen innerhalb des Studiums mit Unterstützung digitaler Technologien erfolgen und die Informations-, Kommunikations- und Organisationsstruktur an der KISD auf diese Weise verbessert werden können. Um diese Ziele zu erreichen, wurden unter anderem das Konzept der KISD-Spaces, einen Lernraum als Verbindung zwischen digitalem und realem Raum zu schaffen, und KISD-Biblio auf Basis der Blogsoftware Wordpress-Multiuser umgesetzt (vgl. ebd., S. 15). Um eine an den Bedürfnissen der Studierenden orientierte Ausrichtung der Projektergebnisse zu erreichen, wurden im Rahmen des Projektes Medienkompetenzen und -nutzung der Studierenden mittels Befragungen fortlaufend erhoben (zu den Evaluationsergebnissen siehe ebd., S. 79ff.). Zudem kann sich die Vorgehensweise der Erstellung eines umfassenden Ressourcensystems auch an den von der DINI erarbeiteten strategischen Empfehlungen zur Einführung eines personalisierten Studierendenportals orientieren (vgl. Abschnitt 5.3).

Die Einführung eines Social-Bookmarking- oder Literaturverwaltungs-Dienstes auf einer untergeordneten Ebene, beispielsweise für ein Institut oder einen Fachbereich, kann dagegen kurzfristig erfolgen. So kann etwa innerhalb einer Lehrveranstaltung mit der Nutzung einer Anwendung begonnen und diese dann Studierenden und Lehrenden zur Weiternutzung empfohlen werden. Daneben besteht die Möglichkeit, dass Lehrende und Studierende über die Verwendung einheitlicher Tags für fachspezifische Informationen auch individuell gesammelte und für das Fach als relevant angesehene Links allen Angehörigen des Fachbereichs zugänglich machen. Auch bereits bestehende Linklisten können in Absprache mit der jeweiligen Struktureinheit (Lehrstuhl, Institut, Fachbereich usw.) von den zuständigen Betreuern in Social-Bookmarking-Tools überführt und mit Schlagworten (Tags) versehen werden. Diese Personen könnten im weiteren Verlauf auch als „Gatekeeper" fungieren, die zu verwendeten Tags kommunizieren (vgl. Minguillón/Conesa 2011).

5.4.2.2 Öffentlichkeitsarbeit

Beim Einsatz von Social Software zum Aufbau einer gemeinsamen Ressourcensammlung entsteht vor allem dann ein Mehrwert, wenn diese eine hohe Anzahl Nutzer aufweisen kann, welche Informationen und Ressourcen beisteuern. Zur Nutzung der Ressourcenplattform sollten daher sowohl Studierende als auch akademisches Personal gewonnen werden. Handelt es sich um komplexe, hochschulweite Systeme, so kann die Kommunikation wie im Falle des personalisierten Studierendenportals beschrieben erfolgen (vgl. Kap. 5.3.2.2). Werden im Internet frei verfügbare Social-Bookmarking-Tools (z.B. Delicious, Diigo) hochschulweit oder studiengangs- bzw. fachspezifisch eingesetzt, bieten sich Auftritte der Hochschulen oder einzelner Struktureinheiten im Web 2.0 vor allem deshalb als Kommunikationskanäle an, weil sie in der Regel eine Einbettung der jeweiligen Tools ermöglichen. Darüber hinaus können die Webseiten der Hochschule bzw. einzelner Struktureinheiten genutzt werden, wie dies häufig bereits jetzt für studiengangspezifische Linklisten etabliert ist. Über eine bloße Verlinkung der Ressourcenplattform auf der Webseite hinaus sollten dabei aber auch Informationen zur Funktionsweise des Tools und Regeln für das Hinzufügen von Ressourcen (welche Informationen können relevant sein, welche nicht) veröffentlicht werden. Auf diese Weise können einerseits Zielgruppen mit wenig Erfahrung in der Nutzung von Social Software gewonnen und andererseits eine Überfrachtung der Ressourcensammlungen mit weniger relevanten Ressourcen vermieden werden. Weil Aktualisierungen der Ressourcensammlung per RSS abonniert werden können, wird beim Einsatz eines Social-Software-Werkzeugs für eine Ressourcensammlung eine kontinuierliche Information aller Nutzer erreicht. Auch darin liegt ein deutlicher Mehrwert gegenüber herkömmlichen Linklisten.

5.4.2.3 Aufwand und Kosten

Der für die Einrichtung einer hochschulweiten Ressourcenplattform wie Academic Commons zu erwartende personelle und organisatorische Aufwand ist in etwa mit dem Aufwand für die Einführung eines personalisierten Studierendenportals vergleichbar. Dieser Aufwand verringert sich mit dem Umfang der Ressourcensammlung. So erfolgten etwa die Konzeption und Umsetzung der KISD-Spaces an der zur Fachhochschule Köln gehörenden Köln International School of Design durch eine Projektgruppe innerhalb des Projektes Blended Studies, die nur aus einem Professor und einer wissenschaftlichen Mitarbeiterin sowie sieben Studierenden über einen Zeitraum von anderthalb Jahren bestand.

Mit dem geringsten Aufwand bei der Verwendung von Social-Software-Werkzeugen ist für die Einrichtung einer Ressourcensammlung auf Instituts- oder Lehrstuhlebene zu rechnen. In der Regel können hier bereits vorhandene personelle Ressourcen, die beispielsweise für die Betreuung einer Linksammlung zuständig waren, eingesetzt werden. Der Betreuungsaufwand nach der Einrichtung der Ressourcensammlung besteht in Maßnahmen zur Qualitätssicherung, wie die Kommunikation und Überprüfung der verwendeten Tags (vgl. Minguillón/Conesa 2011) sowie gegebenenfalls eine Überprüfung der eingefügten Ressourcen auf Relevanz. Der finanzielle Aufwand für die erforderliche Software hält sich beim Aufbau umfassender Ressourcensammlungen z.B. auf Basis von Wordpress-Multiuser ebenso in Grenzen wie bei der Nutzung von Social-Software-Werkzeugen wie Delicious oder Zotero. Beide Varianten sind als Open-Source-Software bzw. Gratisangebote frei im Internet verfügbar.

6. Herausforderungen und Chancen der Unterstützung informellen Lernens durch die Hochschulen

Die vorangegangenen Kapitel haben gezeigt, dass die Potenziale des Einsatzes von Social Software im Bereich der Hochschulbildung vor allem in der Unterstützung informellen Lernens liegen und Hochschulen diese Potenziale in unterschiedlicher Weise ausschöpfen können, dies aber bisher kaum in systematischer oder gar vollständiger Weise tun. Ausgehend von der Annahme, dass die Studierenden als Praxisgemeinschaft (im Sinne einer Community of Practice) ein gemeinsames Ziel (den Abschluss ihres Studiums) verfolgen, wurden Studierende sächsischer Hochschulen in Fokusgruppeninterviews befragt, mit welchen Herausforderungen sie sich in einzelnen Studienphasen konfrontiert sehen. Um einen Einblick zu erhalten, wie Hochschulen bereits jetzt informelle Lernprozesse mit Social Software unterstützen, wurden zudem Fallstudien zu Beispielen guter Praxis erarbeitet.

Vor dem Hintergrund dieser empirisch erhobenen Befunde wurden verschiedene Umsetzungsszenarien für Social Software im Bereich der Hochschulbildung entwickelt und anschließend eine Reihe strategischer Empfehlungen für den Einsatz von Social Software zur Förderung informellen Lernens Studierender an der Hochschule abgeleitet. Diese Empfehlungen reichen von der relativ einfach umsetzbaren Durchführung von Social-Software-Schulungen, für die ein umfassendes Schulungskonzept entwickelt wurde, bis hin zur komplexen Einführung eines personalisierten Studierendenportals oder einer umfassenden Ressourcenplattform etwa auf Basis eines Blogsystems. Daneben können Hochschulen aber auch bereits mit relativ geringem technologischen Aufwand informelle Lernprozesse unterstützen – etwa durch den Einsatz bestehender Social-Software-Tools in Form vorkonfigurierter Persönlicher Lernumgebungen, wie am Beispiel der Plattformen Netvibes und Mahara gezeigt wurde, oder durch die Nutzung von Social-Bookmarking-Tools zum Anlegen von Ressourcensammlungen.

Über Empfehlungen zur Konzeption hinaus reichen unterstützende Strategien, wie die zur Einführung und Vermarktung des jeweiligen Einsatzszenarios von Social Software sowie ein Überblick über den zu erwartenden personellen und finanziellen Aufwand bei der Umsetzung der Empfehlungen im jeweiligen Hochschulkontext.

Um zukünftig eine möglichst tiefe Verankerung der strategischen Empfehlungen und eine breite Nutzung der vorgeschlagenen Tools zu erreichen, ist zu beachten, dass Dozenten und andere Hochschulmitarbeiter selbst über Medienkompetenzen verfügen müssen, um in diesem Bereich erfolgreich als Multiplikatoren wirksam werden zu können. Es ist daher auch notwendig, den Bedarf an medienkompetenzorientierten Schulungen zur Nutzung von Social Software für Lehrkräfte, Verwaltungs- und technisches Personal der Hochschulen zu überprüfen. Insofern ist auch eine Verknüpfung der hier vorgestellten strategischen Empfehlungen mit einer weitergehenden Social-Software-Strategie sinnvoll, etwa zur Unterstützung der Forschung und zum Einsatz in der Lehre, wie es die Hochschulrektorenkonferenz empfiehlt (vgl. HRK 2010, S. 35ff.). Im Blick bleiben sollte aber auch die Nutzung von Social Software in der Öffentlichkeitsarbeit von Hochschulen sowie für die Alumniarbeit.

Insgesamt sind die strategischen Empfehlungen ein wichtiger Schritt, hin zu einem breiteren Verständnis der Rolle der Hochschulen in einer sich wandelnden Medienwelt, in der sowohl in zeitlicher als auch sozialer Dimension offene „Lernräume" (vgl. DINI 2010) an Bedeutung gewinnen, die einerseits einen Abschnitt innerhalb individueller Lernbiographien und andererseits spezifische soziale Lernkontexte (neben anderen sozialen Lernkontexten) verkörpern. Nur aus dieser Perspektive können an Hochschulen Rahmenbedingungen geschaffen werden, die das selbst gesteuerte individualisierte sowie das gemeinschaftliche Lernen Studierender ausreichend unterstützen. Die mit der Nutzung von Web 2.0 entstehenden virtuellen Räume bieten aufgrund ihrer Offenheit hierfür ausreichend Potenzial.

Erste Umsetzungen und Erprobungen der Empfehlungen erfolgten nach Abschluss des Projekts „Learner Communities of Practice" in Form von Schulungen an mehreren sächsischen Hochschulen (zu den Ergebnissen vgl. Kahnwald et al. 2012; Weller et al. 2014), auch wurde die an sächsischen Hochschulen genutzte Lernplattform OPAL für die verbesserte Zusammenarbeit mit Social-Software-Anwendungen angepasst. Das Schulungsmodell wurde zudem im Folgeprojekt Saxon/Siegener Open Online Course (SOOC) adaptiert und in Form eines cMOOCs zum Thema „Lernen 2.0: Persönliches Lern- und Wissensmanagement mit Social Media" (SOOC13) bzw. „Lernen und Lehren mit Social Media" (SOOC1314) an drei Hochschulen (TU Dresden, Uni Siegen, TU Chemnitz) mit Studierenden und Hochschullehrenden erprobt (vgl. u.a. Kahnwald et al. 2013, Lorenz et al. 2014).

Als ergänzende Beilage zum Abschlussbericht wurde zudem für die am Projekt „Learner Communities of Practice" beteiligten Hochschulen die Broschüre „Ansatzpunkte zur Einbindung von Social-Software-Schulungen an Sächsischen Hochschulen" mit konkreten Adressen und Ansprechpartnern publiziert und verteilt.

Für die Umsetzung der Empfehlungen an anderen Hochschulen empfiehlt es sich, in jedem Fall auf die Qualifikation von Studierenden und auch Lehrenden für den effizienten individuellen Einsatz von Social Software zu setzen. Die Erfahrungen im Projekt zeigen, dass Studierende hier dankbar für Hilfestellungen sind und sich diese zu einem möglichst frühen Zeitpunkt im Studium wünschen. Bei der Auswahl von Szenarien sollten Lösungen von Anfang an mit Studierendenvertretern gemeinsam entwickelt werden. Eine Möglichkeit stellen hier auch studentische Ideenwettbewerbe dar oder der Einbezug studentischer Aktivitäten in Förderprogrammen. So beinhalten etwa die Ausschreibungen des Multimedia-Fonds an der TU Dresden seit Jahren auch die Kategorie ‚studentische Projekte' in der sich Studierende eigenständig mit Konzepten für multimediales Lernen um Fördermittel bewerben können.

Neben großen Entwicklungen wie Studierendenportalen können auch kleinere Anpassungen des LMS, z.B. in Form der Öffnung bzw. Schaffung von Schnittstellen oder der Integration von Social-Media-Funktionalitäten in Form etwa einer Messaging-Funktion für Seminargruppen, eine verhältnismäßig große Wirkung entfalten. Die Integration in bereits an der Hochschule vorhandene Anwendungen und die Schaffung von Schnittstellen für bereits von den Studierenden genutzte Anwendungen trägt außerdem dazu bei, einer Tool-Flut vorzubeugen.

7. Literatur- und Quellenverzeichnis

Albrecht, S., Herbst, S., Köhler, T., Weller, A., Fraas, C., Gerth, M., Kahnwald, N., Kawalek, J., Pentzold, C., Saupe, V., Schwendel, J., Stark, A. & Welz, T. (2011): Empfehlungen zur Unterstützung informellen Lernens durch Social Software. In: Hering, K., Kawalek, J. & Schaar, F. (Hrsg.): Wissenslandschaften gestalten. Tagungsband zum Workshop on E-Learning 2011, HTWK Leipzig, 24.-25. Oktober 2011. Leipzig: HTWK.

Arnold, P. (2003): Kooperatives Lernen im Internet. Qualitative Analyse einer Community of Practice im Fernstudium. Münster: Waxmann.

Attwell, G. (2007): The Personal Learning Environments – the future of eLearning? In: eLearning Papers. Vol. 2, Nr. 1. Online verfügbar: http://www.digtech italia.pbworks.com/w/file/fetch/88358195/Atwell%202007.pdf (letzter Zugriff: 16.12.2015).

Bächle, M. (2006): Social Software. In: Informatik Spektrum, Bd. 29, H. 2, S. 121-124.

Baumgartner, P. (2009): Die zukünftige Bedeutung von Online-Lernen für lebenslanges Lernen. In: Issing, L.J. & Klimsa, P. (Hrsg.): Online-Lernen. Handbuch für Wissenschaft und Praxis. München: Oldenbourg, S. 505-513.

Bennett, S., Maton, K. & Kervin, L. (2008): The ‚digital natives‘ debate: A critical review of the evidence. In: British Journal of Educational Technology, Bd. 39, H. 5, S. 775-786.

Bernhardt, T. & Kirchner, M. (2007): E-Learning 2.0 im Einsatz. „Du bist der Autor!" – Vom Nutzer zum WikiBlog-Caster. Verlag Werner Hülsbusch, Boizenburg.

BITKOM (2011): Pressemitteilung „Neues Berufsbild Social Media Manager" vom 10.10.2011. Online verfügbar: http://www.bitkom.org/de/presse/8477_69713.aspx (letzter Zugriff: 21.11.2014).

BMFSFJ (Hrsg.) (2005): Zwölfter Kinder und Jugendbericht. Bericht über die Lebenssituation junger Menschen und die Leistungen der Kinder- und Jugendhilfe in Deutschland. – Zwölfter Kinder- und Jugendbericht – Bildung, Betreuung und Erziehung vor und neben der Schule. Bonn.

Boehmer, L.v., Candreia, D., Dönmez, D., Grote, G., Korosec, W. & Titze, I. (2011): Future use of IT for work and life at Campus. Abschlussbericht. Zürich: ETH Zürich. Online verfügbar: https://www1.ethz.ch/id/projects/abgeschlossen/fit 4campus/FIT4CampusEndbericht.pdf (letzter Zugriff: 21.11.2014).

Boyd, D.M. & Ellison, N.B. (2007): Social network sites: Definition, history, and scholarship. In: Journal of Computer-Mediated Communication, Bd. 13, H. 1, Artikel 11. Online verfügbar: http://onlinelibrary.wiley.com/doi/10.1111/j.1083-6101.2007.00393.x/full (letzter Zugriff: 21.11.2014).

Bremer, C. & Weiß, D. (2013): Massive Open Online Courses: Kategorisierung und Analyse des Teilnehmerverhaltens am Beispiel der OPCOs 2011 und 2012. In: Köhler, T. & Kahnwald, N. (Hrsg.): Online Communities, Enterprise Networks, Open Education and Global Communication. 16. Workshop GeNeMe '13, Tagung am 7./8.10.2013 in Dresden

Buckingham Shum, S. (2008): Cohere: Towards Web 2.0 Argumentation. In: COMMA'08: 2nd International Conference on Computational Models of

Argument (28-30 May 2008), Online verfügbar:http://oro.open.ac.uk/10421/1/ Cohere.COMMA2008.pdf (letzter Zugriff: 21.11.2014).

Busemann, K. (2013): Wer nutzt was im Social Web? In: Media Perspektiven (2013), 7/8, S. 391-399.

Busemann, K. & Gscheidle, Ch. (2011): Web 2.0: Aktive Mitwirkung verbleibt auf niedrigem Niveau. Ergebnisse der ARD/ZDF Onlinestudie 2011. In: Media Perspektiven 7–8/2011, S. 360-369.

Carstensen, D. (2007): Kann denn Lernen ansteckend sein? Beschleunigte Personal- und Kompetenzentwicklung im E-Learning. In: Keil, R., Kerres, M. & Schulmeister, R. (Hrsg.): eUniversity – Update Bologna. Münster: Waxmann, S. 209-221.

Conole, G. (2008): New schemas for mapping pedagogies and technologies. In: Ariadne 56. Online verfügbar: http://www.ariadne.ac.uk/issue56/conole (letzter Zugriff: 16.12.2015).

Coombs, Ph. & Ahmed, M. (1974): Attacking rural poverty. How nonformal education can help. Baltimore: Johns Hopkins University Press.

Cortina, K.S. (2006): Psychologie der Lernumwelt. In: Krapp, A. & Weidemann B. (Hrsg.): Pädagogische Psychologie. 5. Aufl., Weinheim: Psychologie Verlags Union, S. 477-524.

Cortina, K. S. & Baumert, J. (2004). „Strukturelle Vernachlässigung" – Ein deutsches Phänomen? Gründe für Studienverzögerung und -abbruch in Deutschland und den USA. In: Gruehn, S., Kluchert, G. & Koinzer T. (Hrsg.): Was Schule macht: Schule, Unterricht und Werteerziehung. Theoretisch, historisch, empirisch. Achim Leschinsky zum 60. Geburtstag. Weinheim: Beltz, S. 171-182.

Dehnbostel, P. & Meyer-Menk, J. (2002): Erfahrung und Reflexion als Basis beruflicher Handlungsfähigkeit. In: BIBB (Hrsg.): BIBB-Fachkongress 2002. Beitrag auf CD-ROM.

Deutsche Initiative für Netzwerkinformation e.V. (DINI) – Arbeitsgruppe Webportale (2007): Personalisierte Webportale für Hochschulen.

Dohmen, G. (2001): Das informelle Lernen. Die internationale Erschließung einer bisher vernachlässigten Grundform menschlichen Lernens für das lebenslange Lernen aller. Bonn: BMBF.

Downes, S. (2005): E-learning 2.0. In: eLearn Magazine, Heft 10, Oktober 2005, Online verfügbar: http://elearnmag.acm.org/featured.cfm?aid=1104968 (letzter Zugriff: 16.12.2015).

Dürrnberger, G. & Behringer, J. (1999): Die Fokusgruppe in Theorie und Anwendung, Stuttgart: Akademie für Technikfolgenabschätzung.

Erpenbeck, J. & Sauter, W. (2007): Kompetenzentwicklung im Netz. New Blended Learning mit Web 2.0. Köln: Luchterhand.

Europäische Kommission (2001): Einen europäischen Raum des Lebenslangen Lernens schaffen. Brüssel: Europäische Kommission.

Fiedler, S. (2006): Landscapes of tools and services reconsidered: New directions for informal learning support in higher education? Vortrag auf der Tagung „Informal learning and digital media: constructions, contexts, consequences (DREAM conference)". Odense, 21.–23. September 2006.

Fischer, H. & Köhler, T. (2011): Know your Types. Analyse von E-Learning-Übernehmern innerhalb des akademischen Lehrpersonals. In: Zeitschrift für E-Learning, Bd. 6, H. 4, S. 7-20.

Gutheil, U. (2010): Laudatio für „MyPaed – meine persönliche Studienumgebung". In: Deutsche Initiative für Netzwerkinformation e.V. (DINI) (Hrsg.): Studentischer Ideenwettbewerb „Lebendige Lernorte" 2009. Betrachtungen der DINI-Arbeitsgruppe „Lernräume". Göttingen: DINI, S. 16-17. Online verfügbar: http://dini.de/fileadmin/docs/dini_lernraeume_web.pdf (letzter Zugriff: 21.11.2014).

Heidkamp, Ph. & Kaliva, E. (2009): Blended Studies. Evaluationen 2007–2009, KISD: Project Blended Studies.

Heinze, N. & Schnurr, J.-M. (2009): Arbeitsbericht 24 „I-Literacy – Konzeption, Entwicklung und Implementation eines Modells zur Förderung von Informationskompetenz".

Hellsten, M., Prescott, A. (2004): Learning at University: The International Student Experience. In: International Education Journal, Bd. 5, H. 3, S. 344-351.

Higgisson, C., Currant, N. & Murray, Ch. (2007): Enhancing Learner Progression (ELP). Final Report, JISC.

Higher Education Funding Council for England (HEFCE) (2001): Strategies for widening participation in higher education. A guide to practice, Guide 01/36. Online verfügbar: http://www.hefce.ac.uk/pubs/hefce/2001/01_36.htm (letzter Zugriff: 20.11.2014).

Hochschulrektorenkonferenz (HRK) (Hrsg.) (2007): Bologna-Reader II. Neue Texte und Hilfestellungen zur Umsetzung der Ziele des Bologna-Prozesses an deutschen Hochschulen. Beiträge zur Hochschulpolitik 5/2007. Bonn: HRK. Online verfügbar: http://www.hrk.de/fileadmin/redaktion/hrk/02-Dokumente/02-10-Publikationsdatenbank/Beitr-2007-05_Bologna_Reader_II.pdf (letzter Zugriff: 20.11.2014).

Hochschulrektorenkonferenz (HRK) (Hrsg.) (2009): Open Access und Urheberrecht: Kein Eingriff in die Publikationsfreiheit. Gemeinsame Pressemitteilung der Wissenschaftsorganisationen vom 25.03.2009. Online verfügbar: http://www.dfg.de/download/pdf/foerderung/programme/lis/pi_allianz_open_access.pdf (letzter Zugriff: 20.11.2014).

Hochschulrektorenkonferenz (HRK) (Hrsg.) (2010): HRK-Handreichungen. Herausforderung Web 2.0. Beiträge zur Hochschulpolitik 11/2010. Online verfügbar: http://www.hrk.de/uploads/tx_szconvention/Endfassung_Handreichung_Web_2.0_01.pdf (letzter Zugriff: 21.11.2014).

Huber, L. (1991): Sozialisation in der Hochschule. In: Hurrelmann, K. & Ulich, D. (Hrsg.): Neues Handbuch der Sozialisationsforschung. 4., völlig neu bearb. Aufl. Weinheim: Beltz, S. 417-441.

Huber, L. (1999): An- und Aussichten der Hochschuldidaktik. In: Zeitschrift für Pädagogik, Bd. 45, H. 1, 25-44.

Ito, M., Horst, H., Bittanti, M., Boyd, D., Herr-Stephenson, B., Lange, P. G., Pascoe, C.J. & Robinson, L. (2008): Living and Learning with New Media: Summary of Findings from the Digital Youth Project. Cambridge, MA: MIT Press. Online verfügbar: http://mitpress.mit.edu/sites/default/files/titles/free_download/9780262513654_Living_and_Learning.pdf (letzter Zugriff: 21.11.2014).

JISC (2008): Effective Practice with e-Portfolios. Supporting 21st century learning, HEFCE. Online verfügbar: http://www.jisc.ac.uk/publications/programmerelated/2008/effectivepracticeeportfolios.aspx (letzter Zugriff: 21.11.2014).

JISC (Hrsg.) (2009): Effective Use of Social Software in UK Further and Higher Education: Case Studies, S. 77-80. Online verfügbar: http://www.jisc.ac.uk/me

dia/documents/projects/effective-use-of-social-software-in-education-casestudies. pdf (letzter Zugriff: 21.11.2014).

Jones, N., Blackey, H., Fitzgibbon, K. & Chew, E. (2010): Get out of MySpace! In: Computers & Education, Bd. 54, H. 3, S. 776-782.

Kahnwald, N. (2008): Social Software als Werkzeuge informellen Lernens. In: Hug, T. (Hrsg.): Media, Knowledge & Education. Exploring New Spaces, Relations, and Dynamics in Digital Media Ecologies. Innsbruck: University Press, S. 282-295.

Kahnwald, N., Albrecht, S., Köhler, T., Weller, A., Stark, A. & Herbst, S. (2012): Social Software für studentisches Lernen: Ein Schulungskonzept und weitere strategische Bausteine. In: Kawalek, J.; Hering, K. & Schuster, E. (Hrsg.): 10. Workshop on e-Learning – Tagungsband. 20. September 2012, Hochschule Zittau/Görlitz. Wissenschaftliche Berichte, Heft 114-2012, Nr. 2582-2599, S. 99-106.

Kahnwald, N., Pscheida, D., Lorenz, A. & Lißner, A. (2013): Studierende als Zielgruppe von Open Online Courses: Potenziale und Herausforderungen am Beispiel des SOOC13. In: Köhler, T. & Kahnwald, N. (Hrsg.): Online Communities: Enterprise Networks, Open Education and Global Communication. 16. Workshop GeNeMe '13. Gemeinschaften in Neuen Medien: Unternehmensnetzwerke, Forschungsgemeinschaften und globale K, TUDpress, Dresden.

Kerres, M. (2006): Potenziale von Web 2.0 nutzen. In: Hohenstein, A. & Wilbers, K. (Hrsg.): Handbuch E-Learning. München: DWD

Kleimann, B. (2007): eLearning 2.0 an deutschen Hochschulen. In: Merkt, M., Mayrberger, K., Schulmeister, R. & van den Berk, I. (Hrsg.): Studieren neu erfinden – Hochschule neu denken. Münster: Waxmann, S. 149-158.

Kleimann, B., Özkilic, M. & Göcks, M. (2008): Studieren im Web 2.0. HISBUS-Kurzinformation Nr. 21, Hannover: Hochschul-Informations-System GmbH.

Knowles, M. (1950): Informal Adult Education. New York, NY: Association Press.

Köhler, T. (2003): Selbst im Netz? Die Konstruktion des Selbst unter den Bedingungen computervermittelter Kommunikation. Opladen: Westdeutscher Verlag.

Köhler, T., Kahnwald, N. & Reitmaier, M. (2008): Lehren und Lernen mit Multimedia und Internet. In: Batinic, B. & Appel, M. (Hrsg.): Medienpsychologie. Berlin: Springer.

Köhler, T. & Neumann, J. (2011): Wissensgemeinschaften. Digitale Medien – Öffnung und Offenheit in Forschung und Lehre. Münster: Waxmann.

König, A. (2009): Von Generationen, Gelehrten und Gestaltern der Zukunft der Hochschulen. In: Apostolopoulos, N., Hoffmann, H., Mansmann, V. & Schwill, A. (Hrsg.): E-Learning 2009. Lernen im digitalen Zeitalter. Münster: Waxmann, S. 141-151. Online verfügbar: http://www.waxmann-verlag.de/fileadmin/media/zusatztexte/2199Volltext.pdf (letzter Zugriff: 16.12.2015).

Kreutzer, T. (2009): Rechtsfragen bei E-Learning. Hamburg: Multimedia Kontor Hamburg. Online verfügbar: http://www.mmkh.de/fileadmin/dokumente/Publikationen/Leitfaden_E-Learning_und_Recht_creativecommons_MMKH.pdf (letzter Zugriff: 16.12.2015).

Kumar, S., Liu, F. & Black, E.W. (2012). Undergraduates' collaboration and integration of new technologies in higher education: Blurring the lines between informal and educational contexts. Digital Culture and Education, 4(2), S. 248-259.

Lattemann, C. & Köhler, T. (2005): Multimediale Bildungstechnologien I: Anwendungen und Implementation. Frankfurt am Main: Peter Lang Verlag.

Lattemann, C. & Köhler, T. (2006): Multimediale Technologien: Multimedia in Electronic Business und Bildung, Frankfurt am Main: Peter Lang Verlag.

Lave, J. (1996): Teaching, as Learning, in Practice. In: Mind, Culture & Activity, Bd. 3, H. 3, S. 149-164.

Lave, J. & Wenger, E. (1991): Situated Learning. Legitimate peripheral participation. Cambridge, MA: Cambridge University Press.

Lorenz, A., Pscheida, D., Dubrau, M., Lißner, A. & Kahnwald, N. (2014): Open Online Courses in the context of higher education: an evaluation of a German cMOOC. In: Cress, U. & Kloos, C.D. (Hrsg.): Proceedings of the European MOOC Stakeholder Summit 2014 (EMOOCs2014). Lausanne: p.a.u., S. 234-239.

Lucke, U., Kindsmüller, M.C., Fischer, S., Herczeg, M. & Seehusen, S. (Hrsg.) (2008): Workshop Proceedings der Tagungen Mensch & Computer 2008, DeLFI 2008 und Cognitive Design 2008. Berlin: Logos.

Maiden, B. & Kinsey, S. (2005): Encouraging Reflective Practice through the introduction of e-portfolios: a cpomparison of the postgraduate and undergraduate experience. Online verfügbar: http://wlv.openrepository.com/wlv/bitstream/2436/7593/1/Encouraging%20Relective%20Practice.pdf (letzter Zugriff: 21.11.2014).

Mayrberger, K. (2010): Web 2.0 in der Hochschule – Überlegungen zu einer (akademischen) Medienbildung für „E-Learning 2.0". In: Herzig, B., Meister, D.M., Moser, H. & Niesyto, H. (Hrsg.): Jahrbuch Medienpädagogik 8. Medienkompetenz und Web 2.0. Wiesbaden: VS Verlag für Sozialwissenschaften, S. 309-328.

Minguillón, J. & Conesa, J. (2011): From institutional repositories to personal collections of learning resources. In: Proceedings of the The PLE Conference 2011, 10th–12th July 2011, Southampton, UK. Online verfügbar: http://journal.webscience.org/583/1/From_institutional_repositories_to_personal_collections_of_learning_resources.doc (letzter Zugriff: 21.11.2014).

Mott, J. (2010): Envisioning the Post-LMS Era: The Open Learning Network. In: EDUCAUSE Quarterly 1/33 „Future of Higher Education". Online verfügbar: http://www.educause.edu/EDUCAUSE+Quarterly/EDUCAUSEQuarterlyMagazineVolum/EnvisioningthePostLMSEraTheOpe/ 199389 (letzter Zugriff: 21.11.2014).

Niemeier, J. (2011): Soziale Lernplattformen auf dem Prüfstand: Trends, Erfahrungen und Rahmenbedingungen in Unternehmen. Vortrag auf der Tagung „Wissensgemeinschaften 2011" am 07.09.2011 in Dresden.

Nikolopoulos, A.S. (2010): Sicherung der Nachhaltigkeit von E-Learning-Angeboten an Hochschulen. Boizenburg: Verlag Werner Hülsbusch.

O'Reilly, T. (2005): What Is Web 2.0? Design Patterns and Business Models for the Next Generation of Software. Online verfügbar: http://www.oreilly.de/artikel/web20.html (letzter Zugriff: 21.11.2014).

Overwien, B. (2005): Stichwort: Informelles Lernen. In: Zeitschrift für Erziehungswissenschaft, Bd. 8, H. 3, S. 339-355.

Pachner, A. (2009): Entwicklung und Förderung von selbst gesteuertem Lernen in Blended-Learning-Umgebungen. Münster: Waxmann.

Prensky, M. (2001): Digital Natives, Digital Immigrants Part 1. In: On the Horizon 9/4, S.1-6.

Redecker, Ch. (2009): Review of Learning 2.0 Practices: Study on the Impact of Web 2.0 Innovations on Education and Training in Europe. In: European Commission Joint Research Centre (JRC) – Institute for Prospective Technological Studies (Hrsg.): JRC Scientific and Technical Reports, Sevilla.

Reichert, S. (2010): The intended and unintended effects of the Bologna reforms. In: Higher Education Management and Policy, Bd. 22, H. 1, S. 99-118. Online verfügbar: http://www.oecd-ilibrary.org/education/the-intended-and-unintended-effects-of-the-bologna-reforms_hemp-v22-art6-en? (letzter Zugriff: 21.11.2014).

Reinmann-Rothmeier, G. (2001): Bildung mit digitalen Medien. Möglichkeiten und Grenzen für Lehren und Lernen. Online verfügbar: http://www.support-netz.de/fileadmin/user_upload/Medienbildung_MCO/fileadmin/bibliothek/reinmann_bildung/reinmann_bildung.pdf (letzter Zugriff: 21.11.2014).

Rensing, C. & Rößling, G. (Hrsg.) (2007): Proceedings der Pre-Conference Workshops der 5. E-Learning Fachtagung Informatik DeLFI 2007. Berlin: Logos.

Robes, J. (2012): Massive Open Online Courses: Das Potenzial des offenen und vernetzten Lernens. In: Hohenstein, A. & Wilbers, K. (Hrsg.): *Handbuch E-Learning*. Expertenwissen aus Wissenschaft und Praxis – Strategien, Instrumente, Fallstudien. 42. Erg.-Lfg. Juni 2012. Köln: Fachverlag Deutscher Wirtschaftsdienst.

Roel, R. (2010): A Facebook for Faculty. In: CUNY Matters Spring 2010, City University of New York.

Sächsisches Staatsministerium für Wissenschaft und Kunst (SMWK) (2011): Der Sächsische Hochschulentwicklungsplan bis 2020. Leitlinien und Instrumente für eine zukunftsfähige Entwicklung der sächsischen Hochschullandschaft. Dresden: SMWK. Online verfügbar: http://www.campus.sachsen.de/download/Hochschulentwicklungsplan_2020.pdf (letzter Zugriff: 16.12.2015).

Santos, C. & Pedro, L. (2009): SAPO Campus: a social media platform for Higher Education. In: Méndez-Vilas, A., Solano Martín, A., Mesa González, J.A. & Mesa González, J. (Hrsg.) Research, Reflections and Innovations in Integrating ICT in Education, Vol. 2, S. 1104-1108. Badajoz (Spain): Formatex.

Schaffert, S. & Kalz, M. (2009): Persönliche Lernumgebungen: Grundlagen, Möglichkeiten und Herausforderungen eines neuen Konzepts. In: Wilbers, K. (Hrsg.) Handbuch E-Learning. Bd. 5, Nr. 5.16, S. 1-24.

Schmidt, J. (2009): Das neue Netz. Merkmale, Praktiken und Folgen des Web 2.0. Konstanz: UVK.

Schroeder, A., Minocha, S. & Schneider, C. (2010): The strengths, weaknesses, opportunities and threats of using social software in higher and further education teaching and learning. In: Journal of Computer Assisted Learning, Bd. 26, H. 3, S. 159-174.

Schroeder, U. (Hrsg.) (2010): Interaktive Kulturen. Workshop-Band. Proceedings der Workshops der Mensch & Computer 2010, DeLFI 2010, Entertainment Interfaces 2010, Duisburg, 12.–15. September 2010. Berlin: Logos.

Schugurensky, D. (2000): The Forms of Informal Learning: Towards a Conceptualization of the Field. Draft Working Paper, October. NALL Working Paper 19/2000. Online verfügbar: http://nall.oise.utoronto.ca/res/19formsofinformal.htm (letzter Zugriff 21.11.2014).

Schulmeister, R. (2007): Der ‚Student Lifecycle' als Organisationsprinzip für E-Learning. In: Keil, R., Kerres, M. & Schulmeister, R. (Hrsg.): eUniversity – Update Bologna. Münster: Waxmann, S. 45-77.

Schulmeister, R. (2008): Gibt es eine Net Generation? Widerlegung einer Mystifizierung. In: Seehusen, S., Lucke, U. & Fischer, S. (Hrsg.): DeLFI 2008: Die 6. E-Learning Fachtagung Informatik der Gesellschaft für Informatik e.v. Bonn: Gesellschaft für Informatik, S. 15-28.

Schulmeister, R. & Metzger, C. (Hrsg.) (2011): Die Workload im Bachelor: Zeitbudget und Studierverhalten. Eine empirische Studie. Münster: Waxmann.

Schulze, T. (1993): Zum ersten Mal und immer wieder neu. Skizzen zu einem phänomenologischen Lernbegriff. In: Bauersfeld, H. & Bromme, R. (Hrsg.): Bildung und Aufklärung. Studien zur Rationalität des Lehrens und Lernens. Münster: Waxmann, S. 241-269.

Schwill, A. & Apostolopoulos, N. (Hrsg.) (2009): Lernen im digitalen Zeitalter. Workshop-Band. Dokumentation der Pre-Conference zur DeLFI2009, 14.–17. September 2009 an der Freien Universität Berlin. Berlin: Logos.

Selwyn, N. (2009): The digital native – myth and reality. In: Aslib Proceedings, Bd. 61, H. 4, S. 364-379.

Selwyn, N. & Grant, L. (2009): Researching the realities of social software use – an introduction. Learning, Media and Technology, 34(2), S. 79-86.

Siemens, George (2005): Connectivism: A Learning Theory for the Digital Age, International Journal of Instructional Technology and Distance Learning, Bd. 2 H. 1. Online verfügbar: http://www.itdl.org/Journal/Jan_05/article01.htm (letzter Zugriff: 21.11.2014).

Sitecore (Hrsg.) (2009): Case Study: College of Wooster – New Site Debuts „iWooster" and Highly Interactive Features to Maximize Continuous User Engagement. Online verfügbar: http://www.sitecore.net/~/media/Products/Resources/Case%20 Studies/Wooster/Wooster%20revCSUS111109.ashx (letzter Zugriff: 16.12.2015).

Spears, R. & Lea, M. (1994): Panacea or Panopticon? The Hidden Power in Computer-Mediated Communication. In: Communication Research, Bd. 21, H. 4, S. 427-459.

Stiftung Warentest (2011): E-Learning. Elektronisches Lernen heute – von Lernsoftware auf CD-ROM bis zu sozialen Medien. Leitfaden Weiterbildung. Berlin: Stiftung Warentest.

Straka, G.A. (Hrsg.) (2000): Conceptions of self-directed learning. Münster: Waxmann.

Thissen, F. (1997): Das Lernen neu erfinden – konstruktivistische Grundlagen einer Multimedia-Didaktik. In: Beck, U. & Sommer, W. (Hrsg.): LEARNTEC 97. Europäischer Kongreß für Bildungstechnologie und betriebliche Bildung. Tagungsband. Karlsruhe: Karlsruher Kongreß- und Ausstellungs-GmbH, S. 69-79.

Weigel, M., James, C. & Gardner, H. (2009): Learning: Peering Backward and Looking Forward in the Digital Era. In: International Journal of Learning and Media, Bd. 1, H. 1, S. 1-18.

Welbers, U. (2007). Modularisierung als Instrument der Curriculumentwicklung. In: HRK (Hrsg.): Bologna-Reader II. Neue Texte und Hilfestellungen zur Umsetzung der Ziele des Bologna-Prozesses an deutschen Hochschulen. Beiträge zur Hochschulpolitik 5/2007. Bonn: HRK, S. 165-176.

Weller, A., Herbst, S., Albrecht, S., Kahnwald, N. & Köhler, T. (2014): Unterstützung informellen Lernens Studierender. Möglichkeiten studentischen Arbeitens mit Social Software. In: Fischer, H., Köhler, T. (Hrsg.): Postgraduale Bildung mit digitalen Medien. Fallbeispiele aus den sächsischen Hochschulen. Münster: Waxmann, S. 131-140

Wenger, E. (1998): Communities of Practice. Learning, Meaning, and Identitity. Cambridge: University Press.

Wenger, E., McDermott, R. & Snyder, W. M. (2002). Cultivating communities of practice: A guide to managing knowledge. Boston, MA: Harvard Business School.

Wildt, J. (2007): Vom Lehren zum Lernen. In: Bretschneider, F. & Wildt, J. (Hrsg.): Handbuch Akkreditierung von Studiengängen. Bielefeld: Bertelsmann, S. 44-54.

Wintermantel, M. (2006): Hochschulreform aus Sicht der Hochschulen. In: Aus Politik und Zeitgeschichte, H. 48/2006, S. 8-13. Online verfügbar: http://www.bpb.de/files/X9FKNO.pdf (letzter Zugriff 21.11.2014).

Wissenschaftsrat (2013): Perspektiven des deutschen Wissenschaftssystems. Braunschweig. Online verfügbar: http://www.wissenschaftsrat.de/download/archiv/3228-13.pdf (letzter Zugriff: 24.11.2014).

Wolter, A. (2005): Lebenslanges Lernen im Bologna-Prozess. In: Leszczensky, M. & Wolter, A. (Hrsg.): Der Bologna-Prozess im Spiegel der HIS-Hochschulforschung. HIS-Kurzinformation A6/2005. Hannover: HIS, S. 49-60.

Zauchner, S., Baumgartner, P., Blaschitz, E. & Weissenbäck, A. (2008): Offener Bildungsraum Hochschule: Freiheiten und Notwendigkeiten. In: Dies. (Hrsg.): Offener Bildungsraum Hochschule. Freiheiten und Notwendigkeiten. Münster: Waxmann, S. 11-13.

Bildquellen:

Abbildung 4: Screenshot der Startseite von TUgether der TU Braunschweig. Online verfügbar: https://tugether.tu-braunschweig.de/ (21.04.2015).

Abbildung 5: Heidkamp, Ph. & Kaliva, E. (2009): Blended Studies. Evaluationen 2007–2009. KISD: Project Blended Studies, S. 34.

Abbildung 6: Screenshot der Informationsseite zu CollabUni. Online verfügbar: http://www.uni-hildesheim.de/social/collabuni/ (21.04.2015).

Abbildung 7: Screenshot der Startseite der Onlineplattform für studentisches Engagement der Universität Augsburg: Uni engagiert. Online verfügbar: http://uni-engagiert.de/ (21.04.2015).

Abbildung 8: Screenshot der Startseite der UMW Blogs: A publishing platform for the Mary Washington Community. Online verfügbar: http://umwblogs.org/ (21.04.2015).

Abbildung 9: Screenshot der Startseite der CUNY Academic Commons. Online verfügbar: http://commons.gc.cuny.edu/ (21.04.2015).

Abbildung 10: Santos, C. & Pedro, L. (2010): What's the role for institutions in PLEs? The case of SAPO Campus. The PLE Conference Barcelona, 8th July 2010. Präsentation online verfügbar: http://www.slideshare.net/csantos/whats-the-role-for-institutions-in-ples-the-case-of-sapo-campus (letzter Zugriff: 16.12.2015).

Abbildung 11: Cotterill, S., McDonald, T., Drummond, P. & Hammond, G. (2004): Design, implementation and evaluation of a 'generic' ePortfolio: the Newcastle experience, Präsentation für ePortfolio 2004 Conference, La Rochelle. Präsentation online verfügbar: http://www.eportfolios.ac.uk/FDTL4/fdtl4_docs/ePortfolios_2004_Cotterill_et_al.ppt (letzter Zugriff: 16.12.2015).

8. Anhang

8.1 Seminarpläne für das Schulungskonzept (Autorin: Anja Weller)

Im Folgenden werden die einzelnen Seminarpläne der Schulungsformen A–C vorgestellt (zur Konzeption der Schulungen vgl. Kap. 5.1). Diese beinhalten die Themen der unterschiedlichen Sitzungen sowie den Hinweis auf Präsenzsitzung und Selbstlernphase. Die Schulungsformen B und C bauen auf dem Seminarplan von Form A auf und beinhalten weniger Sitzungen. Sie stellen somit verkürzte Varianten der Schulungsform A dar.

8.1.1 Seminarplan „Mit Social Software durch das Studium" – Seminar

Lehrplan der Schulungsform A (Seminar)
Seminarbeschreibung für das kommentierte Vorlesungsverzeichnis:
Mit dem Beginn des Studiums werden Studierende mit neuartigen und vielfältigen Anforderungen konfrontiert, die die Bewältigung und Organisation des Studiums betreffen. Im Seminar soll aufgezeigt werden, wie Social-Software-Tools beim Absolvieren dieser Anforderungen helfen und damit informelle Lernprozesse fördern können. Im Vordergrund steht die praktische Anwendung der Tools in konkreten Anforderungsszenarien. Diese werden von den Studierenden selbst vorgegeben. Auf diese Weise werden nicht nur theoretisches Fachwissen, sondern auch der Umgang und die praxisorientierte Anwendung von Social Software vermittelt. Neben der Unterstützung persönlicher Anforderungen (Literaturverwaltung, Wissensmanagement etc.) werden im Seminar auch kollaborative Anforderungen (Team- und Projektmanagement) beleuchtet. Die Bereitschaft, sich bei verschiedenen Tools eigene Accounts zu erstellen und die praktische Anwendung zu erproben, wird vorausgesetzt.

Wie bereits dargestellt, beziehen sich die Inhalte der Schulungsform B und C auf die des Seminars (Schulungsform A). Demzufolge werden nun die einzelnen Sitzungen vorgestellt. Bestandteile davon sind das jeweilige Thema, zugeordnete Lernziele, die konkreten Inhalte und die dazugehörige didaktische Umsetzung. Weiterhin werden die konkreten Aufgaben für die Seminarteilnehmer genannt und entsprechende Lernressourcen für die Bewältigung der Aufgaben vorgeschlagen. Des Weiteren werden Hinweise zur Vorbereitung der Seminarleitung gegeben.

Sitzung 1 (Präsenz)

Einführung, Übersicht, Erwartungen

Lernziel:

Alle Lernziele des Schulungskonzeptes werden den Studierenden präsentiert.

Inhalte:

a) Begriffsklärung Informelles Lernen
b) Begriffsklärung Web 2.0, Social Software
c) Ziele der Schulung, Organisation der Schulung, Anforderungen an Studierende
d) Sammlung von möglichen Themen, die im Seminar mithilfe der Aufgaben und Tools bearbeitet werden sollen
e) Diskussion: Erwartungen der Studierenden

Didaktik:

- Frontalunterricht mit Input durch den Dozenten (a)
- Diskussion im Plenum (b), (c), (d), (e)
- Individuelle Wissenserarbeitung – Einzelarbeit (b)

Konkrete Aufgaben:

- Was ist Ihrer Meinung nach Web 2.0 und Social Software? (b)
- Studieren Sie die vorhandene Literatur im Netz (unter Berücksichtigung der angebenen Lernressourcen) und vergleichen Sie diese mit ihrer eigenen Einschätzung. Formulieren Sie eine Definition von Social Software als Ergebnis Ihrer Recherche. (b)
- Welchen Anforderungen sehen Sie sich gegenüber, die Sie erhoffen, mit Unterstützung von Social-Software-/Web-2.0-Tools zu bewältigen? (c)
- Filtern Sie: Welche Anforderungen bzw. Themen möchten Sie innerhalb des Seminars bearbeiten? (d)
- Teilen Sie dem Schulungsleiter Ihre Erwartungen an das Seminar mit. (e)

Lernressourcen:

- **Definition: Social Software/Web 2.0**
  http://www.slideshare.net/tschlotfeldt/kommunizieren-im-web-20-neue-
  mglichkeiten-fr-weiterbildungstrger?from=ss_embed
  https://docs.google.com/present/view?id=dq7qdhz_407f2x32tdb
  http://de.wikipedia.org/wiki/Soziale_Software
  http://elearning2null.wetpaint.com/page/Social+Software
  http://commoncraft.com/socialmedia
  http://commoncraft.com/video-social-networking
  http://commoncraft.com/augmented-reality-video
  http://www.commoncraft.com/cloud-computing-video

Schulungsvorbereitung durch den Seminarleiter:

- Vorbereitung von PPT-Folien zu (a), (b), (c)
- Moderation der Diskussion (e)
- Festhalten der Diskussionsergebnisse zu (b), (c), (d), (e) in geeigneter
  Form (Mindmap, Poster, Folie etc.)

Sitzung 2 (Präsenz)

Grundlagen: Social-Software-Tools

Lernziel:

1. Sensibilisierung für Social-Software-Tools 2. Selbstständiger und sicherer Umgang mit ausgewählten Social-Software-Tools (Studiumsbewältigung)

Inhalte:

a) Abgrenzung und Einordnung von Social Software im Gesamtkontext Web 2.0 b) Selbstständige Internetrecherche c) Wissensabgleich im Plenum durch Moderation des Dozenten d) Kurzübersicht: Social-Software-Tools inkl. Anforderungen im Studium (Rückbezug auf die genannten Anforderungen der Studierenden aus der ersten Sitzung) e) Festlegung von Themen bzw. Anforderungen und entsprechenden Gruppen f) Nutzung eines Social-Software-Tools

Didaktik:

• Individuelle Erarbeitung des Wissens (a) • Abgleich des Wissens in Form des Frontalunterrichtes durch den Dozenten (a), (b) • Kollaborative Sammlung des Wissens im Plenum (c) • Diskussion im Plenum, Moderation durch Dozent und Abstimmung des Plenums (e) • Kollaborative Erstellung einer Mindmap in selbstständiger Form zur Ergebnissicherung (je nach Zeit Durchführung inner- oder außerhalb des Seminars) (f)

Konkrete Aufgaben:

- Ordnen Sie vor dem Hintergrund der Recherche aus der ersten Sitzung und einer erneuten selbstständigen Internetrecherche Social Software in den Kontext von Web 2.0 ein! (a)
- Selbstständige Internetrecherche: (a)
  - Finden Sie durch die Google-Suche im letzten Jahr veröffentlichte Definitionen zum Begriff „Social Software".
  - Grenzen Sie die Begriffe Web 2.0, Social Software und Semantic Web voneinander ab! Benennen Sie dabei Merkmale und Tendenzen.
  - Erarbeiten Sie sich die Begriffe Social Media, Social Networking, Augmented Reality, Cloud Computing und Community.
  - Ordnen Sie die Begriffe innerhalb der Oberbegriffe Web 2.0, Social Software und Semantic Web ein.
- Kollaboratives Mindmapping: (f)
  Erstellen Sie bis zum nächsten Treffen gemeinsam mit Ihrer Gruppe eine Mindmap zum Thema Web 2.0. Ordnen Sie alle erarbeiteten Begriffe ein! Arbeiten Sie dazu mit dem Tool „Mindmeister". (Bei zeitlichen Problemen kann diese Aufgabe auch durch die Studierenden außerhalb des Seminars erledigt werden.)

Lernressourcen:

- **Klassifikationstabelle** für Social-Software-Tools
- **Internetrecherche:**
  http://wiwa-tud.de/wiwa/InternetRecherche
  http://www.studierenzweinull.de/inhalte/internetrecherche
  http://commoncraft.com/search
  http://www.lernmodule.net/modul/?l=203
- **Mindmapping-Tools:**
  http://www.uni-bielefeld.de/erziehungswissenschaft/scs/studierende/etools/mindmaps.html

Schulungsvorbereitung durch den Seminarleiter:

- PPT-Folien für (a-f)
- Accounts für alle Seminarteilnehmer bereitstellen (Mindmeister)
- Moderation der Diskussion (e)
- Festhalten der Diskussionsergebnisse zu (c), (e) in geeigneter Form

Sitzung 3 (Selbstlernphase)

Recherchemethoden mit Social-Software-Tools

Lernziel:

2. Selbstständiger und sicherer Umgang mit ausgewählten Social-Software-Tools (Studiumsbewältigung)

Inhalte:

a) Praktische Einführung in Literaturrecherche sowie Literaturverwaltung b) Nutzung des Taggings c) Nutzung des Microbloggings zur Quellenrecherche

Didaktik:

• Einzelarbeit (a-c)

Konkrete Aufgaben:

- **Literaturrecherche:**
  Finden Sie in Ihrer Bibliothek drei Bücher zu Ihrem Thema sowie drei Artikel aus wissenschaftlichen Zeitschriften. Leihen Sie sich diese Bücher und Zeitschriften aus!
  Finden Sie fünf wissenschaftliche Artikel, die sich mit dem Thema beschäftigen. (a)

- **Literaturverwaltung:**
  Legen Sie sich bei CiteULike einen Account an und stellen Sie dort in einer Literaturliste die bisherig gefundene Literatur ein. Geben Sie dabei den Artikeln Tags.
  Legen Sie sich bei Delicious einen Account an und stellen Sie drei recherchierte Webseiten zum Thema über Delicious Ihren KommilitonInnen zur Verfügung. Informieren Sie sich über die Nutzung von Tags und wenden sie diese konsequent an. (a) (b)

- **Microblogging:**
  Recherchieren Sie auf Twitter drei verschiedene Personen bzw. Wissenschaftler, die sich mit dem Thema beschäftigen und regelmäßig Beiträge (mind. 1 Tweet pro Woche) schreiben! Abonnieren Sie deren Beiträge, um auf dem Laufenden zu bleiben! (c)

Lernressourcen:

- **Literaturrecherche:**
  http://i-literacy.e-learning.imb-uni-augsburg.de/node/657
  http://www.studierenzweinull.de/inhalte/recherche
  http://www.studierenzweinull.de/inhalte/instrumente-und-hilfen-zum-online-recherchieren
  http://www.uni-bielefeld.de/erziehungswissenschaft/scs/studierende/etools/literaturrecherche.html
- **Literaturverwaltung:**
  http://commoncraft.com/bookmarking-plain-english
  http://www.youtube.com/watch?v=pnYFVvqlbp0
  http://www.youtube.com/watch?v=pnYFVvqlbp0
- **Microblogging:**
  http://lernenzweinull.de/2009/05/17/twitteriki-microblogging-imhochschul-kontext/
  http://lernenzweinull.de/2010/07/27/twitter-tools-zum-lehren-und-lernen/
  http://commoncraft.com/twitter
  http://www.dsaf.de/keyfacts/KEYFACTS_Twitter.pdf
  http://www.slideshare.net/joqel/twitter-im-unterricht
  http://www.youtube.com/watch?v=jGbLWQYJ6iM
  http://www.youtube.com/watch?v=ddO9idmax0o
  http://www.slideshare.net/janehart/twitter-workshop-1604109
  http://www.youtube.com/watch?v=QcTHKsiIzyQ
  http://www.youtube.com/watch?v=COrbTb4KTLU
- **Tagging:**
  https://lernen20.wordpress.com/2008/06/18/lektion-08-tagging-wozu-ist-das-gut/

Schulungsvorbereitung durch den Seminarleiter:

- Ansprechpartner bei Fragen und Problemen während der Selbstlernphase

135

Sitzung 4 (Präsenz)

Einführung in Nutzung von Wikis, Blogs, Community-Portalen

Lernziel:

3. Anwendung einer gemeinsamen Dokumentationsplattform basierend auf Social Software (Wiki, Blog, Netzwerkplattform …)

Inhalte:

a) Information über Wikis, Blogs und Community-Portale b) Arbeitsauftrag: Wahl einer Dokumentationsplattform über das gewählte Thema c) Diskussion: Vor- und Nachteile der einzelnen Tools d) Festlegung auf ein Tool im Rahmen der Nutzung in der Seminargruppe e) Erstellung von Inhalten für die Dokumentationsplattform (Teil der nächsten Sitzung – Aufgabe für Selbstlernphase)

Didaktik:

• Frontalunterricht mit Input durch den Dozenten (a) • Gruppenarbeit (b) • Diskussion im Plenum (c), (d)

Konkrete Aufgaben:

- Diskutieren Sie, welche der genannten drei Möglichkeiten zur Dokumentation Sie für Ihre Gruppenarbeit nutzen wollen. Wählen Sie zudem den Anbieter aus. Informieren Sie sich dazu im Vorfeld zu den einzelnen Angeboten. (b)
- Welche Vor- und Nachteile gibt es? (c)
- Dokumentieren Sie gemeinsam Ihre im Seminar erworbenen Kenntnisse zum Thema mithilfe von Wikis, Blogs oder Community-Portalen. (e) *[Die Dokumentation fließt in die nächste Selbstlernphase mit ein, so dass keine fertige Dokumentation vorliegen muss. Außerdem ist die Einarbeitung bisheriger Inhalte Bestandteil der folgenden Selbstlernphase.]*
  - Hinweise für die Dokumentation:
    a) Wählen Sie eine passende Strukturierung nach Themen.
    b) Der Erstellungsprozess sollte online erfolgen, arbeiten Sie also direkt im Wiki/Blog bzw. dem gerade benötigten anderen Social-Software-Tool.
    c) Hinterlegen Sie Medienobjekte stets nur an einer Stelle. Arbeiten Sie mit Referenzen (Links), wenn an mehreren Stellen Bezug genommen wird. Insbesondere gilt dies, wenn das betreffende Objekt außerhalb ihres Wikis (in einem anderen Web-Tool) erstellt und gepflegt wird.
    d) Denken Sie daran, wirklich alle Ressourcen zu dokumentieren (erstellte Texte, Medien, Links auf Quellen, Links auf Inhalte anderer Social-Software-Tools usw.)
    e) Verwenden Sie bei all Ihren Projekten (Wikis, Blogs) aussagekräftige Tags.
- Beginnen Sie die in den letzten Seminaren erarbeiteten Informationen in dem Portal, für das Sie sich entschieden haben, einzupflegen. Teilen Sie die Arbeit untereinander auf! (e)

Lernressourcen:

- **Klassifikationstabelle** für Social-Software-Tools
- **Wikis:**
  http://commoncraft.com/video-wikis-plain-english
  http://commoncraft.com/wikipedia-video
  http://mediawiki.htw-berlin.de/wiki/Web_2.0_gest%C3%BCtztes_
  Informationsmanagement_in_ Unternehmen#Wikis
- **Blogs:**
  http://www.blogger.com/tour_start.g
  http://www.commoncraft.com/blogs
  http://mediawiki.htw-berlin.de/wiki/Web_2.0_gest%C3%BCtztes_
  Informationsmanagement_in_Unternehmen#Weblogs
  http://www.studierenzweinull.de/tools/blog

Schulungsvorbereitung durch den Seminarleiter:

- Vorbereitung von PPT-Folien zu (a)
- Vorbereitung eines Accounts bei www.wikispaces.com ; www.wordpress.
  com ; www.wetpaintcentral.com ; www.wikidot.com ; www.blogger.com ;
  www.blog.de ; www.mixxt.de ; www.ning.com (a)
- Anlegen eines ersten Beitrages in allen Tools (a)
- Moderation der Diskussion (c)
- Festhalten der Diskussionsergebnisse zu (c), (d) in geeigneter Form

---

Sitzung 5 (Selbstlernphase)

Nutzung von Wikis, Blogs, Community-Portalen

Lernziel:

1. Anwendung einer gemeinsamen Dokumentationsplattform basierend auf Social Software (Wiki, Blog, Netzwerkplattform …)

Inhalte:

a) Erstellung von Inhalten für die Dokumentationsplattform

Didaktik:

• Einzel- und Gruppenarbeit (a)

Konkrete Aufgaben:

Beachten der Aufgaben aus vorhergehender Sitzung:
- Dokumentieren Sie gemeinsam Ihre im Seminar erworbenen Kenntnisse zum Thema mithilfe von Wikis, Blogs oder Community-Portalen. (a)
  - Hinweise für die Dokumentation:
    a) Wählen Sie eine passende Strukturierung nach Themen.
    b) Der Erstellungsprozess sollte online erfolgen, arbeiten Sie also direkt im Wiki/Blog bzw. dem gerade benötigten anderen Social-Software-Tool.
    c) Hinterlegen Sie Medienobjekte stets nur an einer Stelle. Arbeiten Sie mit Referenzen (Links), wenn an mehreren Stellen Bezug genommen wird. Insbesondere gilt dies, wenn das betreffende Objekt außerhalb ihres Wikis (in einem anderen Web-Tool) erstellt und gepflegt wird.
    d) Denken Sie daran, wirklich alle Ressourcen zu dokumentieren (erstellte Texte, Medien, Links auf Quellen, Links auf Inhalte anderer Social-Software-Tools... usw.)
    e) Verwenden Sie bei all Ihren Projekten (Wikis, Blogs) aussagekräftige Tags.
- Pflegen Sie alle im Seminar erarbeiteten Informationen in dem Portal, für das Sie sich entschieden haben, ein.

Lernressourcen:

- **Klassifikationstabelle** für Social-Software-Tools
- **Wikis:**
  http://commoncraft.com/video-wikis-plain-english
  http://commoncraft.com/wikipedia-video
  http://mediawiki.htw-berlin.de/wiki/Web_2.0_gest%C3%BCtztes_Infor
  mationsmanagement_in_Unternehmen#Wikis
- **Blogs:**
  http://www.blogger.com/tour_start.g
  http://www.commoncraft.com/blogs
  http://mediawiki.htw-berlin.de/wiki/Web_2.0_gest%C3%BCtztes_
  Informationsmanagement_in_Unternehmen#Weblogs
  http://www.studierenzweinull.de/tools/blog

Schulungsvorbereitung durch den Seminarleiter:

- Ansprechpartner bei Fragen und Problemen während der Selbstlernphase

Sitzung 6 (Präsenz)

Zeitmanagement mit Social Software

Lernziel:

2. Selbstständiger und sicherer Umgang mit ausgewählten Social-Software-Tools (Studiumsbewältigung)

Inhalte:

a) Einführung: Nutzen und Notwendigkeit von Zeitmanagement b) Arbeitsauftrag: persönliches und kollaboratives Zeitmanagement (Terminkalender führen, Online-Gruppenkalender, To-Do-Listen) c) Diskussion: Gefahren und Nutzen von Veröffentlichungen von Terminen bzw. Kalendern im Internet

Didaktik:

• Frontalunterricht mit Input durch den Dozenten (a) • Einzelarbeit (b) • Gruppenarbeit (b) • Diskussion im Plenum (c)

Konkrete Aufgaben:

- **Persönliches Zeitmanagement:** (b)
  - Legen Sie sich einen Google-Account an, um mit dem Google Kalender Ihre Termine zu verwalten. Tragen Sie sich die Deadlines der Aufgaben in den Kalender ein und teilen Sie diese mit Ihren KommilitonInnen. Lassen Sie sich außerdem die Termine einer/s Kommilitonin/en in Ihrem Kalender anzeigen.
  - Legen Sie sich bei Toodledo eine Aufgabenliste für Ihre Seminararbeit an! (b)
- **Kollaboratives Zeitmanagement:** (b)
  - Führen Sie eine gruppenübergreifende Liste von anstehenden Aufgaben innerhalb von moreganize. Dokumentieren Sie über die Funktion „Aufgabe übernehmen", wer woran arbeitet. Gliedern Sie dazu ihr Projektthema in kleine Teilaufgaben und entscheiden, wer woran arbeitet.
  - Nutzen Sie Dipity, um den zeitlichen Verlauf Ihres Kurses zu dokumentieren. Tragen Sie bspw. Termine und Meilensteine ein.
  - Nutzen Sie doodle oder morganize, um Termine für die nächsten Treffen zu finden.
- **Google:** (b)
  - Erstellen Sie mithilfe Ihres Google-Accounts einen Gruppenkalender und geben Sie diesen für alle Gruppenteilnehmer frei.
  - Diskutieren und entscheiden Sie für Ihre Gruppe, wem das Bearbeiten von Inhalten des Kalenders ermöglicht werden soll!
  - Diskutieren Sie die authentifizierungslosen Veröffentlichungsmöglichkeiten im Internet hinsichtlich der Datensicherheit. Wann ist es sinnvoll, von dieser Option Gebrauch zu machen?
  - Jeder Gruppenteilnehmer bindet den Gruppenkalender in seinen Account ein und erstellt probeweise projektbezogene Termine.
  - Importieren Sie den Kalender in andere Software, wie Outlook ab Version 2007, und stellen Sie die Synchronisation sicher.
- **Facebook:** (b)
  - Legen Sie für die kommenden Sitzungen die Termine im Gruppenkalender an.
  - Nutzen Sie auch die Option „Einzelheiten hinzufügen", um eine konkretere Terminumreißung (Beginn und Ende, Ort, Teilnehmer) vorzunehmen.
  - Diskutieren Sie die Möglichkeit der Veröffentlichung von Gruppenveranstaltungen.
  - Synchronisieren Sie Ihre Facebook-Veranstaltungen mit einem von Ihnen gewählten Programm (Outlook, Google Kalender ...).

Lernressourcen:

Allgemeine Hinweise:
http://www.uni-bielefeld.de/erziehungswissenschaft/scs/pdf/leitfaeden/studie-rende/zeitmanagement.pdf
persönliches Aufgabenmanagement:
http://mediawiki.htw-berlin.de/wiki/Aufgabenmanagement_mit_ToodleDo
Kalender:
http://www.google.com/intl/de/googlecalendar/overview.html
To-Do-Listen:
http://moreganize.ch/news/de/?p=367
Zeitleisten:
http://www.mypaed.tu-darmstadt.de/wiki/dipity

Schulungsvorbereitung durch den Seminarleiter:

- PPT Folien für (a)
- Vorbereitung von Accounts bei www.google.com ; www.facebook.com ; www.morganize.com ; www.dipity.com (a)
- Moderation der Diskussion (c)
- Festhalten der Diskussionsergebnisse zu (c) in geeigneter Form

Sitzung 7 (Präsenz)

Einrichtung einer Personal Learning Environment (PLE) und Nutzung von RSS-Feeds

Lernziel:

1. Selbstständiger und sicherer Umgang mit ausgewählten Social-Software-Tools (Studiumsorganisation)

Inhalte:

a) Inhaltliche Einführung in die Thematik und Funktionsweisen von PLEs (Informationsmanagement) und E-Portfolios (Identitätsmanagement/Selbstpräsentation) sowie von RSS-Feeds

b) Arbeitsauftrag: Welche Elemente sollte eine/ein studiumsbezogene PLE/E-Portfolio enthalten? Erstellen Sie sich jeweils eine PLE und ein E-Portfolio!

c) Diskussion: Welche Vor- und Nachteile bieten PLEs und E-Portfolios? Welche RSS-Feeds haben einen Nutzen für mein Studium?

Didaktik:

- Frontalunterricht mit Input durch den Dozenten (a)
- Einzelarbeit (b)
- Diskussion im Plenum (b), (c)

Konkrete Aufgaben:

- **PLE: (b)**
  - Richten Sie sich eine PLE bei Netvibes ein! Fügen Sie die von Ihnen benötigten Werkzeuge und Informationsquellen ein. Binden Sie dabei alle im Seminar genutzten Social-Software-Tools ein.
  - Stellen Sie Ihre Persönliche Lernumgebung Ihren Kommilitonen vor. Diskutieren Sie Gemeinsamkeiten und Unterschiede zwischen Ihren PLEs.
- **E-Portfolio: (b)**
  - Verschaffen Sie sich einen Einblick in Mahara (über test.mahara.de) unter der Nutzung des dort angegebenen Demo-Accounts.
- **RSS-Feeds: (b)**
  - Abonnieren Sie auf Netvibes folgende RSS-Feeds: http://elearning.tu-dresden.de/blog, http://opal-sachsen.blogspot.com/ und fügen Sie weitere, zu Ihrem Thema passende, RSS-Feeds hinzu!
- **Diskussion – PLE vs. E-Portfolio und RSS-Feeds: (c)**
  - Welche Vor- und Nachteile sehen Sie bei der Verwendung einer PLE und eines E-Portfolios?
  - Entscheiden Sie sich entweder für die Nutzung einer PLE oder eines E-Portfolios.
  - Diskutieren Sie, welche weiteren RSS-Feeds für Ihr Studium nützlich wären und recherchieren Sie verschiedene Möglichkeiten an ihrer Hochschule.

Lernressourcen:

- **PLE:**
  http://estudyskills.wikispaces.com/Netvibes-Tutorial
- **E-Portfolio:**
  http://mediawiki.htw-berlin.de/wiki/Eportfolio
- **RSS-Feeds:**
  https://lernen20.wordpress.com/2008/04/24/lektion-03-rss-entdecken-und-verstehen/
  http://www.commoncraft.com/rss_plain_english
  http://www.youtube.com/watch?v=VSPZ2Uu_X3Y]

Schulungsvorbereitung durch den Seminarleiter:

- PPT-Folien für (a)
- Moderation der Diskussion (c)
- Festhalten der Diskussionsergebnisse zu (b) und (c) in geeigneter Form

Sitzung 8 (Selbstlernphase)

Einrichtung einer Personal Learning Environment (PLE) und Nutzung von RSS-Feeds

Lernziel:

2. Selbstständiger und sicherer Umgang mit ausgewählten Social-Software-Tools (Studiumsorganisation)

Inhalte:

a) Arbeitsauftrag: Reichern Sie Ihre/Ihr PLE/E-Portfolio mit bisherigen Materialien an und finden Sie weitere!

Didaktik:

• Einzelarbeit (a)

Konkrete Aufgaben:

• Entscheiden sie sich für die Verwendung einer PLE oder eines E-Portfolios!
• PLE/E-Portfolio: (a)
  – Binden Sie alle im Seminar erarbeiteten Inhalte in Ihre PLE ein!
  – Nutzen Sie die Klassifizierungstabelle, um neue Inhalte für Ihr Thema zu finden!
  – Finden Sie gegebenenfalls Social-Software-Tools, die Sie noch nicht im Seminar verwendet haben.
  – Bearbeiten Sie ihr Thema in schriftlicher Form und binden Sie die neu produzierten Inhalte in geeigneter Form ein!

Lernressourcen:

- **PLE:**
  http://estudyskills.wikispaces.com/Netvibes-Tutorial
- **E-Portfolio:**
  http://mediawiki.htw-berlin.de/wiki/Eportfolio
- **RSS-Feeds:**
  https://lernen20.wordpress.com/2008/04/24/lektion-03-rss-entdecken-und-verstehen/
  http://www.commoncraft.com/rss_plain_english
  http://www.youtube.com/watch?v=VSPZ2Uu_X3Y]

Schulungsvorbereitung durch den Seminarleiter:

- Ansprechpartner bei Fragen und Problemen während der Selbstlernphase

Sitzung 9 (Präsenz)

Persönliches und kollaboratives Kommunikationsmanagement sowie Netzwerkmanagement

Lernziel:

2. Selbstständiger und sicherer Umgang mit ausgewählten Social-Software-Tools (Studiumsorganisation)

Inhalte:

a) Einführung in die Thematik und Funktionsweisen von Social-Network-Plattformen (Facebook, Xing), Instant Messenger (Skype, ICQ), Podcasts sowie Kurznachrichtenversand (Twitter)
b) Arbeitsauftrag: Nutzung von Social Networks zur Gruppenorganisation
c) Gruppendiskussion: Reflexion der bisher genutzten Tools
d) Arbeitsauftrag: Recherche mittels Social Networks für die Studiums-bewältigung (je nach zeitlichem Verlauf Bearbeitung inner- oder außerhalb des Seminars)

Didaktik:

- Frontalunterricht mit Input durch den Dozenten (a)
- Gruppenarbeit (b)
- Gruppendiskussion (c)
- Ergebnissicherung mittels Mindmap (c), (d)
- Einzelarbeit (d)

Konkrete Aufgaben:

- Facebook: (b)
  - Finden Sie die anderen Seminarteilnehmer bei Facebook.
  - Diskutieren Sie die Möglichkeit des Abgleichs von Kontakten über ihren Mailaccount.
  - Laden Sie gegebenenfalls Seminarteilnehmer ein, die noch nicht auf Facebook angemeldet sind.
- Xing: (b)
  - Legen Sie in Ihrem Xing-Profil eine Liste Ihrer Studieninteressen an.
  - Stellen Sie danach fest, wer außer Ihnen diese Studieninteressen teilt.
- Gruppendiskussion: (c)
  - Finden Sie sich in Gruppen von drei bis vier Personen zusammen! Besprechen Sie die Vor- und Nachteile der bisher von Ihnen genutzen Social-Software-Tools. Halten Sie Ihre Ergebnisse in einer Mindmap fest (Mindmaster).
- Elemente von Xing/Facebook/IM/Podcasts/Kurznachrichtenversand nutzen (Hausaufgabe): (d)
  - Recherchieren Sie in den Tools der heutigen Sitzungen Inhalte zu Ihrem Thema. Sie sollen mindestens drei Videobeiträge, drei Podcasts und zehn Tweets finden. Teilen Sie sich diese Arbeit über ein von allen drei Studierenden genutztes Netzwerk/Messenger ein und koordinieren Sie Ihre Arbeit darüber! Führen Sie ein Protokoll über Ihre Vorgehensweise bei der Koordination der Arbeit! Arbeiten Sie kollaborativ an einer Mindmap zu Ihrem Thema!

Lernressourcen:

- **Xing, Facebook, ICQ:**
  http://www.mypaed.tu-darmstadt.de/wiki/instant_messenger
  http://blog.efrontlearning.net/2010/11/facebook-for-e-learning-educational.html
- **Podcasts:**
  http://www.commoncraft.com/podcasting
- **Kurznachrichtenversand:**
  http://commoncraft.com/twitter-search
  http://www.tschlotfeldt.de/elearning-wiki/Twitter_nutzen
  http://www.youtube.com/watch?v=J0xbjIE8cPM

Schulungsvorbereitung durch den Seminarleiter:

- PPT-Folien für (a)

Sitzung 10 (Selbstlernphase)

Persönliches und kollaboratives Wissensmanagement

Lernziel:

2. Selbstständiger und sicherer Umgang mit ausgewählten Social-Software-Tools (Studiumsorganisation)

Inhalte:

a) Arbeitsauftrag: Bereiten Sie mithilfe der kollaborativen Dokumentenerstellung und -bearbeitung ihr Thema für eine Präsentation vor!   b) Arbeitsauftrag: Erstellen Sie eine Präsentation!

Didaktik:

• Gruppen- und Einzelarbeit (a), (b)

Konkrete Aufgaben:

• Kollaborative Dokumentenerstellung/-bearbeitung: (a)   – Bereiten Sie bis zum nächsten Seminar in Gruppen eine Präsentation über ihr Thema vor. Beziehen Sie dabei ihre erstellte Mindmap in die Präsentation mit ein.   – Nutzen Sie dafür z.B. docs.google oder office.live.com und beziehen Sie Ihre Erfahrungen mit den Tools direkt in die Präsentation ein.   – Diskutieren Sie über die Erfahrungen der einzelnen Gruppen und überlegen Sie, ob auch in anderen Studiensituationen eine Nutzung dieser Tools sinnvoll ist.   • kollaboratives Dateimanagement: (a)   – Nutzen Sie z.B. Dropbox, um Ihre im Seminar erarbeiteten Dokumente mit den anderen Kursteilnehmern zu teilen und im Nachhinein gemeinsam aufzubereiten.

Lernressourcen:

- **Google Docs:**
  http://www.youtube.com/watch?v=eRqUE6IHTEA
- **Windows Live Mesh:**
  http://www.chip.de/downloads/Windows-Live-Mesh-2011_13009401.html
- **Dropbox:**
  http://www.dropbox.com/tour
  http://wiwa-tud.de/wiwa/Pr%C3%A4sentationsProgramm

Schulungsvorbereitung durch den Seminarleiter:

- Ansprechpartner bei Fragen und Problemen während der Selbstlernphase

Sitzung 11 (Selbstlernphase)

Vorbereitung der Präsentation der Ergebnisse

Lernziel:

3. Selbstständiger und sicherer Umgang mit ausgewählten Social-Software-Tools (Studiumsorganisation)

Inhalte:

a) Arbeitsauftrag: Erstellen Sie eine Präsentation!

Didaktik:

• Gruppen- und Einzelarbeit (a)

Konkrete Aufgaben:

• Präsentieren: (a) – Erstellen Sie eine Präsentation mit Ihren bisherigen Projektergebnissen zum Thema mittels prezi.com! – Neben der Präsentation des Themas soll auch der Umgang mit den in der Gruppe genutzten Tools Bestandteil Ihrer Präsentation sein. Welche Tools haben Sie am häufigsten genutzt? Welche Vor- und Nachteile haben die von Ihnen verwendeten Tools? Welche Tools werden Sie auch weiterhin nutzen?

Lernressourcen:

• **Prezi:** http://prezi.com/learn/

Schulungsvorbereitung durch den Seminarleiter:

• Ansprechpartner bei Fragen und Problemen während der Selbstlernphase

Sitzung 12 (Präsenz)

Präsentation der Ergebnisse

Lernziel:

1. Sensibilisierung auf Social-Software-Tools. (Fachwissen zu Social-Software-Tools)
2. Selbstständiger und sicherer Umgang mit ausgewählten Social-Software-Tools. (Social-Software-Kompetenz und Lernkompetenz)
   a)   Studiumsbewältigung
   b)   Studiumsorganisation

Inhalte:

a) Präsentation der Ergebnisse aller Gruppen b) Anschließende Diskussion über die Arbeit mit den Social-Software-Tools (Probleme, Potenziale)

Didaktik:

• Präsentation der Gruppenergebnisse vor dem Plenum (a) • Diskussion über die Gruppenarbeit und die verwendeten Tools (b)

Konkrete Aufgaben:

• Präsentation der Ergebnisse: (a)   – Präsentieren Sie Ihre Gruppenergebnisse in einem Referat mithilfe einer erstellten Präsentation. Die Ergebnisse sind sowohl bezogen auf das ausgewählte Thema als auch auf eine Reflexion der verwendeten Social-Software-Tools.

Lernressourcen:

Keine

Schulungsvorbereitung durch den Seminarleiter:

• Moderation der Diskussion (b) • Festhalten der Diskussionsergebnisse zu (b) und in geeigneter Form

Sitzung 13 (Präsenz)

Datenschutz und Gefahren sowie Seminarevaluation

Lernziel:

4. Aufklärung über die Wirkungsweisen von Online-Identitäten auf die eigene Person und das soziale Umfeld (verschiedene Personengruppen) (Facebook, Xing, E-Portfolio, PLE, Blog, Twitter ...). (Fachwissen zu Social-Software-Tools)

Inhalte:

a) Auseinandersetzung mit den Allgemeinen Geschäftsbedingungen von Social Networks und Formulierung von Problemen b) Recherche von Tendenzen des Web 2.0 und den daraus resultierenden Gefahren für die Anwender c) Diskussion der Gefahren mit persönlichem Bezug d) Evaluation

Didaktik:

• Einzelarbeit (a) • Einzelarbeit und Recherche (b) • Diskussion – Reflexion (c) • Gruppendiskussion – studentisches Feedback (d)

Konkrete Aufgaben:

• Datenschutz: (a)
   – Lesen Sie sich die sich die AGB von Facebook oder Xing durch und beschreiben Sie auf dieser Grundlage Probleme und Gefahren für deren User!
• Gefahren: (b)
   – Leiten Sie aus den Tendenzen des Web 2.0, Social Software und des Semantic Web Probleme ab! Finden Sie außerdem jeweils einen aktuellen Artikel, der die Gefahren Web-2.0-Sucht, Phishing, persönlicher Kontrollverlust und Privatsphäre/Spionage thematisiert!

Lernressourcen:

- **Datenschutz:**
  http://mediawiki.htw-berlin.de/wiki/Datenschutz_und_
  Urheberrecht_f%C3%BCr_Studierende
- **always-online-Sucht:**
  http://mediawiki.htw-berlin.de/wiki/Always-on-,_Internet-_und_Web_2.0-
  Sucht
- **Phishing:**
  http://www.commoncraft.com/phishing
- **Reputation:**
  http://www.commoncraft.com/protecting-reputations-video
- **Privatsphäre, Spionage:**
  http://estudyskills.wikispaces.com/Web+2.0++neue+Gefahren+durch+neue
  +M%C3%B6glichkeiten%3F

Schulungsvorbereitung durch den Seminarleiter:

- Moderation der Diskussion (c)
- Festhalten der Diskussionsergebnisse zu (c) in geeigneter Form
- Evaluationsfragen im Plenum besprechen

Evaluationsfragen:

- Studentisches Feedback in Form einer Gruppendiskussion
- Folgende Fragen dienen als Leitfaden für die Diskussion und sollten vom Seminarleiter protokolliert werden:
  - Wer hat sich schon einmal eine PLE oder ein E-Portfolio der anderen Teilnehmer angesehen? *(Ist eine Community entstanden?)*
  - Werden Sie Ihr/e PLE/E-Portfolio auch nach Ende des Seminars weiternutzen?
  - Wie beurteilen Sie die ins Seminar eingebrachten Materialien (Texte, Videos, Links, Klassifizierungstabelle)?
    - ◆ Menge?
    - ◆ Schwierigkeitsgrad?
    - ◆ Interessantheit?
  - Wie beurteilen Sie die im Seminar verwendeten Lehrmethoden?
    - ◆ Eigenes Lernprojekt entwickeln und parallel voranbringen
    - ◆ Arbeiten in Selbstlernphasen
    - ◆ Online Feedback erhalten
    - ◆ Aufgabenbearbeitung
    - ◆ Gruppendiskussion
  - Wie hat sich Ihr Wissen über Social Software im Lauf des Seminars verändert?
  - Wie hat sich Ihr Umgang mit Social Software im Lauf des Seminars verändert?
  - Wie hat sich Ihr Studierverhalten im Lauf des Seminars verändert?
  - Werden Sie in Ihrem weiteren Studium weiter Social Software nutzen?
    - ◆ mehr als bisher
    - ◆ etwa gleich wie bisher
    - ◆ weniger als bisher
  - Würden Sie das Seminar selbst noch einmal belegen oder anderen Studierenden empfehlen? *(für Fortsetzung)*
  - Tipps/Anregungen für das nächste Mal?

8.1.2   Seminarplan „Mit Social Software durch das Studium" – Blockseminar

Im Blockseminar sollen innerhalb von zwei Präsenztagen und einer dazwischenliegenden Selbstlernphase die Inhalte des Seminars in einer weniger umfangreichen Form vermittelt werden. Es muss gewährleistet werden, dass die Selbstlernphase mit einer Begleitung des Dozenten stattfindet, so dass die Studierenden in dieser Phase motiviert bleiben und jederzeit einen Ansprechpartner haben, der zudem Feedback bei den Aufgaben gibt. Außerdem sollten die am ersten Präsenztag benötigten Accounts für die Arbeit mit den Social-Software-Tools in einem vorbereitenden Arbeitsauftrag durch die Teilnehmer erstellt worden sein.

Tag	Sitzungs-nr.	Sitzungsthema	Präsenz- (P)/ Selbstlern-phase (S)
Tag 1 Präsenztermin	1	Einführung, Übersicht, Erwartungen	P
	2	Grundlagen: Social-Software-Tools	P
	4	Einführung in Nutzung von Wikis, Blogs, Community-Portalen	P
	6	Zeitmanagement mit Social Software	P
	7	Einrichtung einer Personal Learning Environment (PLE)	P
	9	Persönliches und kollaboratives Kommunikationsmanagement sowie Netzwerkmanagement	P
Selbstlernphase (Dauer: 1 Monat)	3	Recherchemethoden mit Social-Software-Tools	S
	5	Einführung in Nutzung von Wikis, Blogs, Community-Portalen	S
	8	Einrichtung einer Personal Learning Environment (PLE)	S
	10	Persönliches und kollaboratives Wissensmanagement	S
	11	Vorbereitung der Präsentation der Ergebnisse	S
Tag 2 Präsenztermin	12	Präsentation der Ergebnisse	P
	13	Datenschutz und Gefahren sowie Seminarevaluation	P

8.1.3 Seminarplan „Mit Social Software durch das Studium" – Informationsveranstaltung

Im Plan für die Informationsveranstaltung sind diejenigen Sitzungsnummern aufgezählt, welche die Inhalte für die dreistündige Veranstaltung darstellen. Dabei findet eine Verkürzung der Sitzungen statt, so dass lediglich ein Input vom Vortragenden gegeben wird und keine Aufgabenbewältigung oder Selbstlernphasen umgesetzt werden.

Sitzungsnr.	Sitzungsthema
2	Grundlagen: Social-Software-Tools
4	Einführung in Nutzung von Wikis, Blogs, Community-Portalen
6	Zeitmanagement mit Social Software
7	Einrichtung einer Personal Learning Environment (PLE)
9	Persönliches und kollaboratives Kommunikationsmanagement sowie Netzwerkmanagement
13	Datenschutz und Gefahren

8.2 Social-Software-Tools: studienbezogene Klassifikation und Ressourcen zum Kompetenzerwerb

1. Methodenkompetenz

Anforderung	Technik	Methodik	Tools	Ressource
Studiums-bewältigung	Internetrecherche	Suchmaschinen / die richtigen Schlagworte finden / Filter setzen	Google, Twitter	http://www.studierenzweinull.de/inhalte/internetrecherche http://commoncraft.com/search http://www.lernmodule.net/modul/?I=203
	Literaturrecherche	allg. Hinweise	-	http://i-literacy.e-learning.imb-uni-augsburg.de/node/657 http://www.studierenzweinull.de/inhalte/instrumente-und-hilfen-zum-online-recherchieren
		Internet-Datenbanken	scholar.google.com	http://www.uni-bielefeld.de/erziehungswissenschaft/scs/studierende/etools/literaturrecherche.html
	Literatur-verwaltung	Social Bookmarking, Tagging	Mister Wong, Delicious, citeulike	http://commoncraft.com/bookmarking-plain-english http://www.youtube.com/watch?v=pnYFVvqIbp0 http://www.youtube.com/watch?v=A1pOsYjCvE8
	Wissenschaftliches Schreiben	allg. Hinweise	-	http://i-literacy.e-learning.imb-uni-augsburg.de/node/581
		Formatvorlagen	MS Office	http://www.holgermatthes.de/diplom-reader/word/inhaltsverzeichnis.php
	Erhebungen durchführen	online Fragebögen	soscisurvey.de; fragebogen-tool.de; maq-online.de; studentenforschung.de	http://www.mypaed.tu-darmstadt.de/wiki/onlinefragebogen

Studiums-organisation	Zeitmanagement	Terminkalender führen	calendar.google.com	
	Informations-management	Personal Learning Environment (PLE)	iGoogle, Netvibes	http://estudyskills.wikispaces.com/Netvibes-Tutorial
		RSS-Feeds abonnieren	Feedreader, z.B. google-reader; Plugins für Outlook ab Version 2007, Firefox	https://lernen20.wordpress.com/2008/04/24/lektion-03-rss-entdecken-und-verstehen/
				http://www.commoncraft.com/rss_plain_english
				http://www.youtube.com/watch?v=VSPZ2Uu_X3Y
	Kommunikations-management	IP-Telefonie	Skype	
		Elemente von Xing / Facebook nutzen; ICQ	Plauderkasten / Pinnwand / Chat	http://www.mypaed.tu-darmstadt.de/wiki/instant_messenger http://blog.efrontlearning.net/2010/11/facebook-for-e-learning-educational.html
		Podcasts	Youtube	http://www.commoncraft.com/podcasting
		Vernetzung im Hinblick auf gemeinsames Thema; Kurznachrichtenversand	Twitter	http://commoncraft.com/twitter-search
				http://www.tschlotfeldt.de/elearning-wiki/Twitter_nutzen
				http://www.youtube.com/watch?v=J0xbjIE8cPM
	Selbstmanagement / Aufgabenmanage-ment		toodledo.com	http://mediawiki.htw-berlin.de/wiki/Aufgabenmanagement_mit_ToodleDo
			Remember the Milk	

Persönliches Wissensmanagement (Wissenserarbeitung / -verbreitung / -dokumentation)	Wikis	wikispaces.com wetpaintcentral.com wikidot.com mediawiki.org pmwiki.org	http://commoncraft.com/video-wikis-plain-english
			http://commoncraft.com/wikipedia-video
			http://mediawiki.htw-berlin.de/wiki/Web_2.0_gest%C3%BCtztes_Informationsmanagement_in_Unternehmen#Wikis
	Blogs	wordpress.com blogger.com blog.de	http://www.blogger.com/tour_start.g
			http://www.commoncraft.com/blogs
			http://mediawiki.htw-berlin.de/wiki/Web_2.0_gest%C3%BCtztes_Informationsmanagement_in_Unternehmen#Weblogs
			http://www.studierenzweinull.de/tools/blog
	Tagging		https://lernen20.wordpress.com/2008/06/18/lektion-08-tagging-wozu-ist-das-gut/
	Microblogging	Twitter	http://lernenzweinull.de/2009/05/17/twitteriki-microblogging-imhochschulkontext/
			http://lernenzweinull.de/2010/07/27/twitter-tools-zum-lehren-und-lernen/
			http://commoncraft.com/twitter
			http://www.dsaf.de/keyfacts/KEYFACTS_Twitter.pdf
			http://www.slideshare.net/joqel/twitter-im-unterricht
			http://www.youtube.com/watch?v=jGbLWQYJ6iM
			http://www.youtube.com/watch?v=ddO9jdmax0o
			http://www.slideshare.net/janehart/twitter-workshop-1604109
			http://www.youtube.com/watch?v=QcTHKsilzyQ
			http://www.youtube.com/watch?v=COrbTb4KTLU

	Kurz-URL-Dienste	tinyurl.com	
	Officedokumente verbreiten	slideshares.net	
	Bilder verbreiten	Flickr	http://www.commoncraft.com/photosharing
	Präsentieren	Microsoft Power-point; AppleKey-Note; OpenOfficeIm-press; prezi.com	http://www.youtube.com/watch?v=3R_MWGFvDEE http://wiwa-tud.de/wiwa/Pr%C3%A4sentationsProgramm http://prezi.com/learn/
	Screencasts (Bild-schirmvideos) er-stellen	jingproject.com	
Web-2.0-Dienste mobil nutzen			http://mediawiki.htw-berlin.de/wiki/Native_Apps_vs._Web_Apps

2. Sozialkompetenz

Anforde-rung	Technik	Methodik	Tools	Ressource
Team-organisation	**Teammanagement**	online Gruppenka-lender	calendar.google.com Facebook	http://www.google.com/intl/de/googlecalendar/overview.html
		gemeinsame „to do" Liste führen	moreganize.ch	http://moreganize.ch/news/de/?p=367
		Entscheidung treffen; Umfrage durchführen	doodle.com; moreganize.ch	
	Zeitmanagement	Termin finden	doodle.com; moreganize.ch	
		Zeitleisten erstellen	dipity.com	
		allg. Hinweise		http://www.uni-bielefeld.de/erziehungswissenschaft/scs/pdf/leitfaeden/studierende/zeitmanagement.pdf
	Projektmanage-ment	Zeitplanung	timerime.com	
		Brainstorming, White-board	mindmeister.com/de	http://www.uni-bielefeld.de/erziehungswissenschaft/scs/studierende/etools/mindmaps.html
			scribblar.com	
			skrbl.com	http://www.youtube.com/watch?v=DnASVlyx8lM
		zentrale Projektseite schaffen, Comunity-Portal aufbauen	mixxt.de; ning.com	http://www.oliversteinke.info/?p=423

			Tools	URL
Teamarbeit	**Kollaboratives Wissensmanagement**	Kollaborative Dokumentenerstellung/-bearbeitung	docs.google.com (GoogleDocs) office.live.com (MS WebOffice)	http://www.youtube.com/watch?v=eRqUE6IHTEA
		kollaboratives Dateimanagement	DropBox Windows Live Mesh	http://www.dropbox.com/tour http://www.chip.de/downloads/Windows-Live-Mesh-2011_13009401.html
		Wikis	wikispaces.com wetpaintcentral.com wikidot.com mediawiki.org pmwiki.org	http://mediawiki.htw-berlin.de/wiki/Web_2.0_gest%C3%BCtztes_Informationsmanagement_in_Unternehmen#Wikis http://www.youtube.com/watch?v=dnL00TdmLY
		Blogs	wordpress.com blogger.com blog.de	http://www.blogger.com/tour_start.g http://www.commoncraft.com/blogs http://mediawiki.htw-berlin.de/wiki/Web_2.0_gest%C3%BCtztes_Informationsmanagement_in_Unternehmen#Weblogs
		Tagging		https://lernen20.wordpress.com/2008/06/18/lektion-08-tagging-wozu-ist-das-gut/
Netzwerk-management	**Identitätsmanagement / Selbstprä-sentation**	Profilerstellung	XING, Facebook, MeinVZ	http://www.slideshare.net/konradfoerstner/2010-0524htw-berlinonlineseminaridentitaet http://mediawiki.htw-berlin.de/wiki/Digitale_Identit%C3%A4ten http://www.slideshare.net/stevenw/out-of-control-managing-our-digital-reputations
		E-Portfolio	Mahara, ellgg demo.mahara.org	http://mediawiki.htw-berlin.de/wiki/Eportfolio
	Kontakte knüpfen/ Social Networking		XING, Facebook, MeinVZ	
	Gruppenbildung	Gruppengründung & -beitritt	Facebook, Xing	

3. Informationskompetenz / Wissenskompetenz

Anforde-rung	Themen			Ressource
Web-2.0-Kompetenz	Überblick – Social Web / Web 2.0 / Enterprise 2.0			http://www.slideshare.net/tschlotfeldt/kommunizieren-im-web-20-neue-mglichkeiten-fr-weiterbildungstrger?from=ss_embed
				https://docs.google.com/present/view?id=dq7qdhz_407f2x32tdb
	Begriffe	Social Software		http://de.wikipedia.org/wiki/Soziale_Software
				http://elearning2null.wetpaint.com/page/Social+Software
		Social Media		http://commoncraft.com/socialmedia
		Social Networking		http://commoncraft.com/video-social-networking
		Augmented Reality		http://commoncraft.com/augmented-reality-video
		Cloud Computing		http://www.commoncraft.com/cloud-computing-video
		Community		http://www.mypaed.tu-darmstadt.de/wiki/community
Daten-schutz				http://mediawiki.htw-berlin.de/wiki/Datenschutz_und_Urheberrecht_f%C3%BCr_Studierende
Gefahren	always-online-Sucht			http://mediawiki.htw-berlin.de/wiki/Always-on-_Internet-_und_Web_2.0-Sucht
	Phishing			http://www.commoncraft.com/phishing
	Reputation			http://www.commoncraft.com/protecting-reputations-video
	Privatsphäre, Spionage			http://estudyskills.wikispaces.com/Web+2.0+-+neue+Gefahren+durch+neue+M%C3%B6glichkeiten%3F